Kurz und gut

Wabenmuster in Alpaca

GRÖSSE
38/39

MATERIAL
- Schachenmayr Regia Premium Alpaca soft (LL 310 m/100 g) in Hellgrau meliert (Fb 90) und Gold meliert (Fb 40), je 100 g
- Nadelspiel 3,0 mm

MASCHENPROBE
Glatt rechts mit Nd 3,0 mm
24 M und 32 R
= 10 cm x 10 cm

Glatt rechts

In Hinr rechte M, in Rückr linke M, bzw. in Rd alle M rechts str.

Bündchenmuster

2 M rechts, 2 M links im Wechsel str.

Kleines Wabenmuster

M-Zahl teilbar durch 4
Nach der Strickschrift in Rd arb. Den Rapport und die 1.-12. Rd entsprechend der Anleitung fortlaufend wdh.

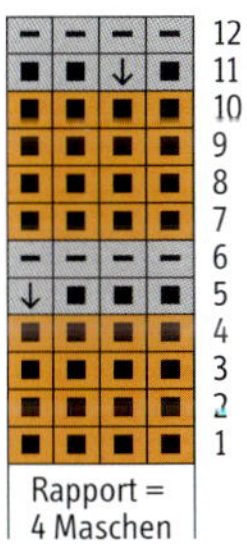

- = 1 Masche rechts in Goldgelb
- = 1 Masche rechts in Hellgrau
- = 1 Masche links in Hellgrau
- ↓ = In Hellgrau in die Masche 4 Reihen tiefer wie zum Rechtsstricken einstechen und die Maschen darüber auflösen. Alternativ die Masche zuvor 4 Reihen tief fallen lassen und dann mit der rechten Nadel aufnehmen. Anschließend mit der rechten Nadel unter den 4 entstandenen Querfäden hindurchstechen, den Faden um die Nadel legen und 1 Masche rechts stricken. Die 4 Querfäden dabei umfassen.

Anleitung

52 M in Hellgrau anschl. 1 R im Bündchenmuster str, damit die rechte Seite der Anschlagkante für den späteren Umschlag zunächst innen liegt. Anschließend die M auf 4 Nd des Ndspiels verteilen (= 13 M pro Nd), zur Rd schließen und 29 Rd im Bündchenmuster str. 1 Rd rechte M in Hellgrau str und dabei auf jeder Nd 1x 2 M rechts zusammenstricken (= 48 M, 12 M pro Nd). Nun das kleine Wabenmuster nach der Strickschrift arb. Dabei den Rapport von 4 M pro Rd 12x, die 1.-12. Rd 4x und die 1.-11. Rd dann noch 1x str. Den goldgelben Faden abschneiden und in Hellgrau weiterarb. 5 Rd glatt rechts str und dabei in der 1. Rd auf jeder Nd 1x 1 M rechts verschränkt aus dem Querfaden zunehmen (= 52 M, 13 M pro Nd). Danach über die 26 M der 1. und 4. Nd eine Bumerangferse nach der Grundanleitung arb und auf der 2. und 3. Nd weiter glatt rechts str. Im Anschluss über alle M in Rd glatt rechts weiterstr und bei einer Fußlänge von 20 cm eine Bandspitze nach der Grundanleitung arb.
Die Fadenenden vernähen. Das Bündchen umschlagen.
Die zweite Socke genauso str.

Raffiniert verflochten

klassisches Zopfmuster

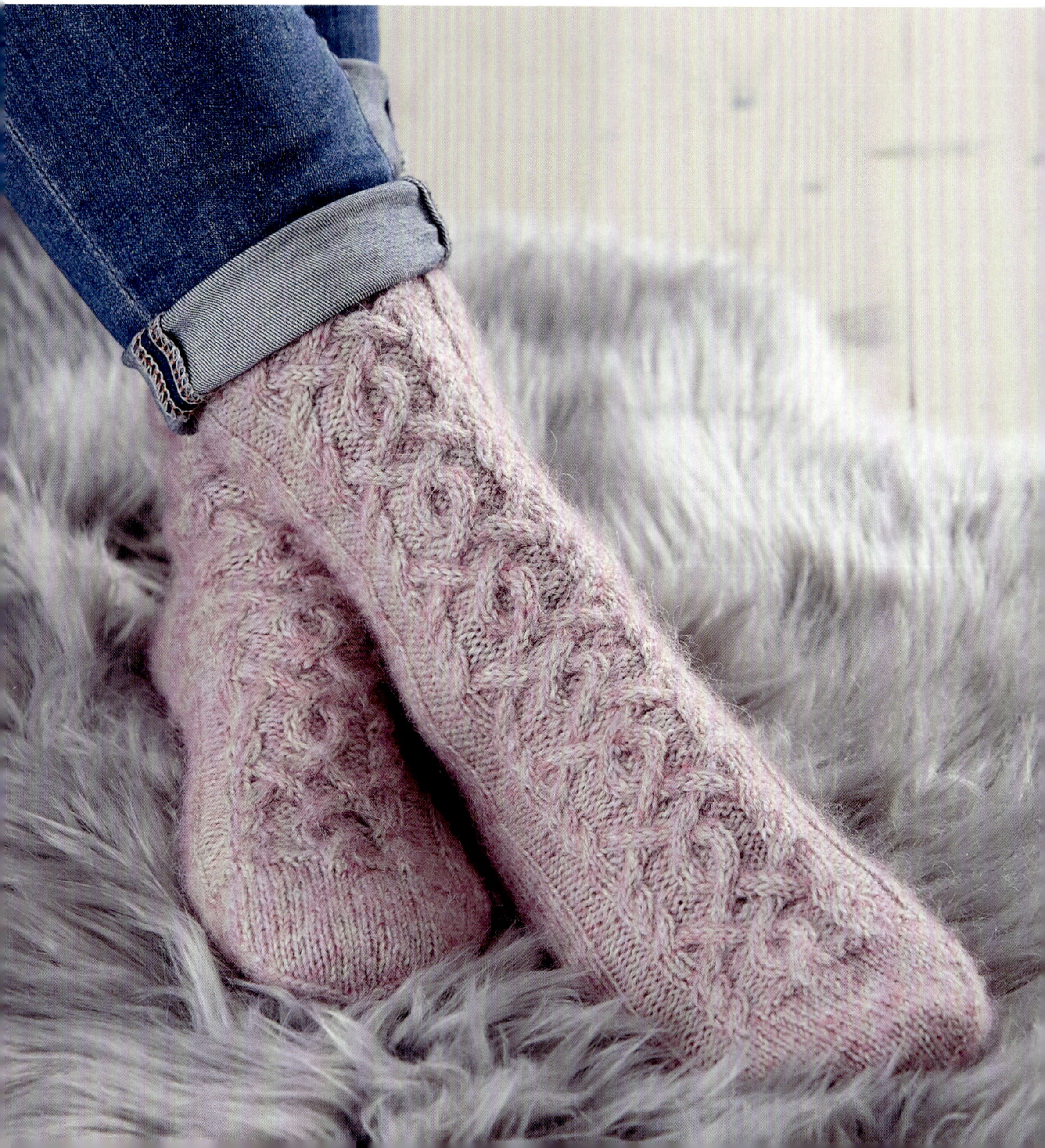

GRÖSSE
38/39

MATERIAL

- Schachenmayr Regia Premium Alpaca soft (LL 310 m/100 g) in Rosé meliert (Fb 30), 100 g
- Nadelspiel 3,0 mm

MASCHENPROBE
Glatt rechts
mit Nd 3,0 mm
24 M und 32 R
= 10 cm x 10 cm

Glatt rechts

In Hinr rechte M, in Rückr linke M, bzw. in Rd alle M rechts str.

Zopfmuster

M-Zahl teilbar durch 4 + 32 M
Nach der Strickschrift in Rd arb. Die Rapporte entsprechend der Anleitung fortlaufend wdh. Die 1.-18. Rd 1x str und danach die 3.-18. Rd fortlaufend wdh.

Anleitung

56 M anschl, auf 4 Nd des Ndspiels verteilen (1. Nd 13 M, 2. Nd 15 M, 3. Nd 15 M, 4. Nd 13 M) und zur Rd schließen. Nach der Strickschrift im Zopfmuster arb und dabei Rapport 1 und 2 in jeder Rd 3x str. Die 1.-18. Rd 1x str und danach die 3.-18. Rd fortlaufend wdh. Bei einer Schaftlänge von 14 cm auf der 1. und 4. Nd das Zopfmuster beenden und noch 5 Rd glatt rechts str. Auf der 2. und 3. Nd das Zopfmuster fortführen. Dann über die 26 M der 1. und 4. Nd eine Bumerangferse nach der Grundanleitung arb. Anschließend über die M der 1. und 4. Nd glatt rechts und über die M der 2. und 3. Nd im Zopfmuster weiterarb. Bei einer Fußlänge von 19 cm das Zopfmuster beenden. Noch 5 Rd glatt rechts über alle Nd str und dabei in der 1. Rd auf der 2. und 3. Nd jeweils 2x 2 M rechts zusammenstricken (= 52 M, 13 M pro Nd). Dann eine Bandspitze nach der Grundanleitung arb. Die Fadenenden vernähen.
Die zweite Socke genauso str.

Mein Tipp für Sie

Weitere Größen Die M-Zahl des Zopfmusters beachten und auf der 1. oder 4. Nd eine Rapport-Wiederholung oder auf beiden Nd mehrere Rapport-Wiederholungen weglassen oder hinzufügen. Vor Beginn der Ferse dann die M entsprechend der Größentabelle neu auf die Nd aufteilen.

Zopfmuster

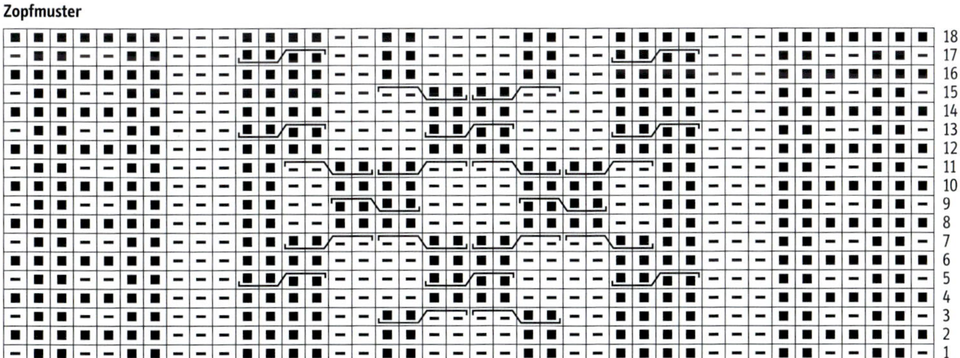

Rapport 2 = 4 Maschen

Rapport 1 = 4 Maschen

■ = 1 Masche rechts

– = 1 Masche links

= 2 Maschen auf einer Hilfsnadel vor die Arbeit legen, 2 Maschen rechts stricken, dann die 2 Maschen der Hilfsnadel rechts stricken.

= 2 Maschen auf einer Hilfsnadel hinter die Arbeit legen, 2 Maschen rechts stricken, dann die 2 Maschen der Hilfsnadel rechts stricken.

= 2 Maschen auf einer Hilfsnadel vor die Arbeit legen, 2 Maschen links stricken, dann die 2 Maschen der Hilfsnadel rechts stricken.

= 2 Maschen auf einer Hilfsnadel hinter die Arbeit legen, 2 Maschen rechts stricken, dann die 2 Maschen der Hilfsnadel links stricken.

Irisch inspiriert

Strukturmuster im Aran-Stil

GRÖSSE
38/39

MATERIAL
- Lana Grossa Meilenweit 6-Ply Cashmere About Berlin (LL 390 m/150 g) in Petrol (Fb 04), 150 g
- Nadelspiel 3,0 mm

MASCHENPROBE
Glatt rechts
mit Nd 3,0 mm
21 M und 27 R
= 10 cm x 10 cm

Glatt rechts

In Hinr rechte M, in Rückr linke M, bzw. in Rd alle M rechts str.

Bündchenmuster

M-Zahl teilbar durch 2
Nach der Strickschrift in Rd arb. Den Rapport und die 1.-2. Rd entsprechend der Anleitung fortlaufend wdh.

Schaftmuster

M-Zahl teilbar durch 2
Nach der Strickschrift in Rd arb. Den Rapport und die 1.-6. Rd entsprechend der Anleitung fortlaufend wdh.

Oberfußmuster

M-Zahl teilbar durch 4
Nach der Strickschrift in Rd arb. Den Rapport und die 1.-2. Rd entsprechend der Anleitung fortlaufend wdh.

Anleitung

48 M anschl, auf 4 Nd des Ndspiels verteilen (= 12 M pro Nd) und zur Rd schließen. 16 Rd im Bündchenmuster arb und dabei den Rapport von 2 M 24x je Rd und die 1.-2. Rd 8x str. Anschließend nach der Strickschrift im Schaftmuster weiterarb. Den Rapport von 2 M 24x je Rd und die 1.-6. Rd 7x str. Dann 3 Rd glatt rechts arb. Im Anschluss über die 24 M der 1. und 4. Nd eine Bumerangferse nach der Grundanleitung str und auf der 2. und 3. Nd mit dem Muster für den Oberfuß beginnen. Danach über die M der 1. und 4. Nd glatt rechts und über die M der 2. und 3. Nd im Muster für den Oberfuß weiterarb. Bei einer Fußlänge von 20 cm das Muster für den Oberfuß beenden und eine Bandspitze nach der Grundanleitung arb. Die Fadenenden vernähen.
Die zweite Socke genauso str.

■ = 1 Masche rechts

✱ ✱ = 1 Masche wie zum Linksstricken abheben mit dem Faden hinter der Masche, 1 Masche rechts, 1 Umschlag, die abgehobene Masche über die rechte Masche und den Umschlag ziehen.

Bündchenmuster

■	■	2
✱	✱	1

Rapport = 2 Maschen

Schaftmuster

■	■	6
✱	✱	5
■	■	4
✱	✱	3
■	■	2
■	■	1

Rapport = 2 Maschen

Oberfußmuster

■	■	■	■	■	2
■	✱	✱	■	■	1

Rapport = 4 Maschen

Mein Tipp für Sie

Weitere Größen Die gemäß Größentabelle benötigte Anzahl an M anschl und das Bündchen und den Schaft str. Wenn zu Beginn des Musters für den Oberfuß die Anzahl der M auf der 2. und 3. Nd nicht durch 4 teilbar sein sollte, auf der 2. und 3. Nd je 1 M rechts verschränkt aus dem Querfaden zunehmen und diese vor Beginn der Bandspitze wieder abnehmen.

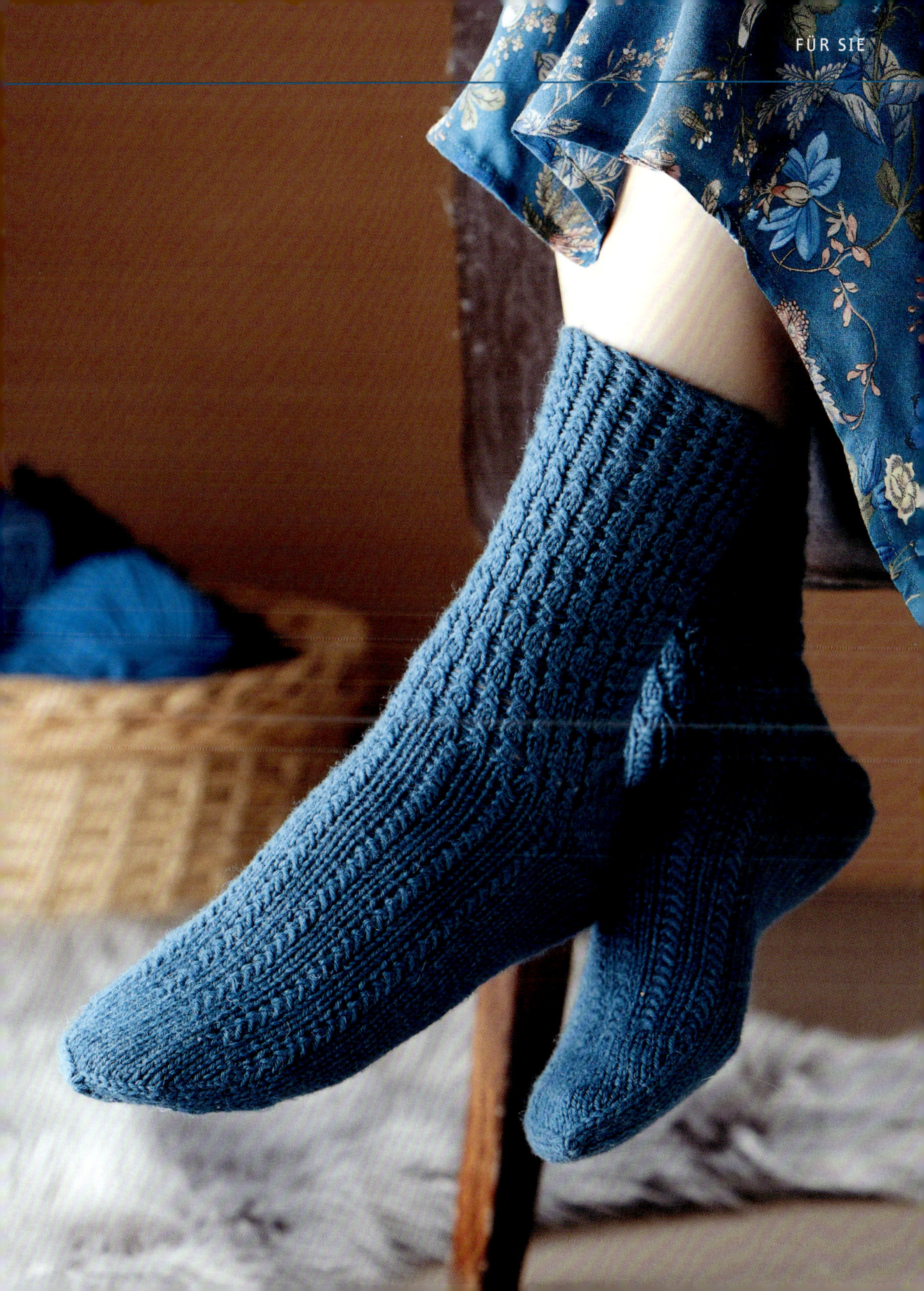

Weiche Wellen

gedämpftes Türkis und Mäusezähnchen

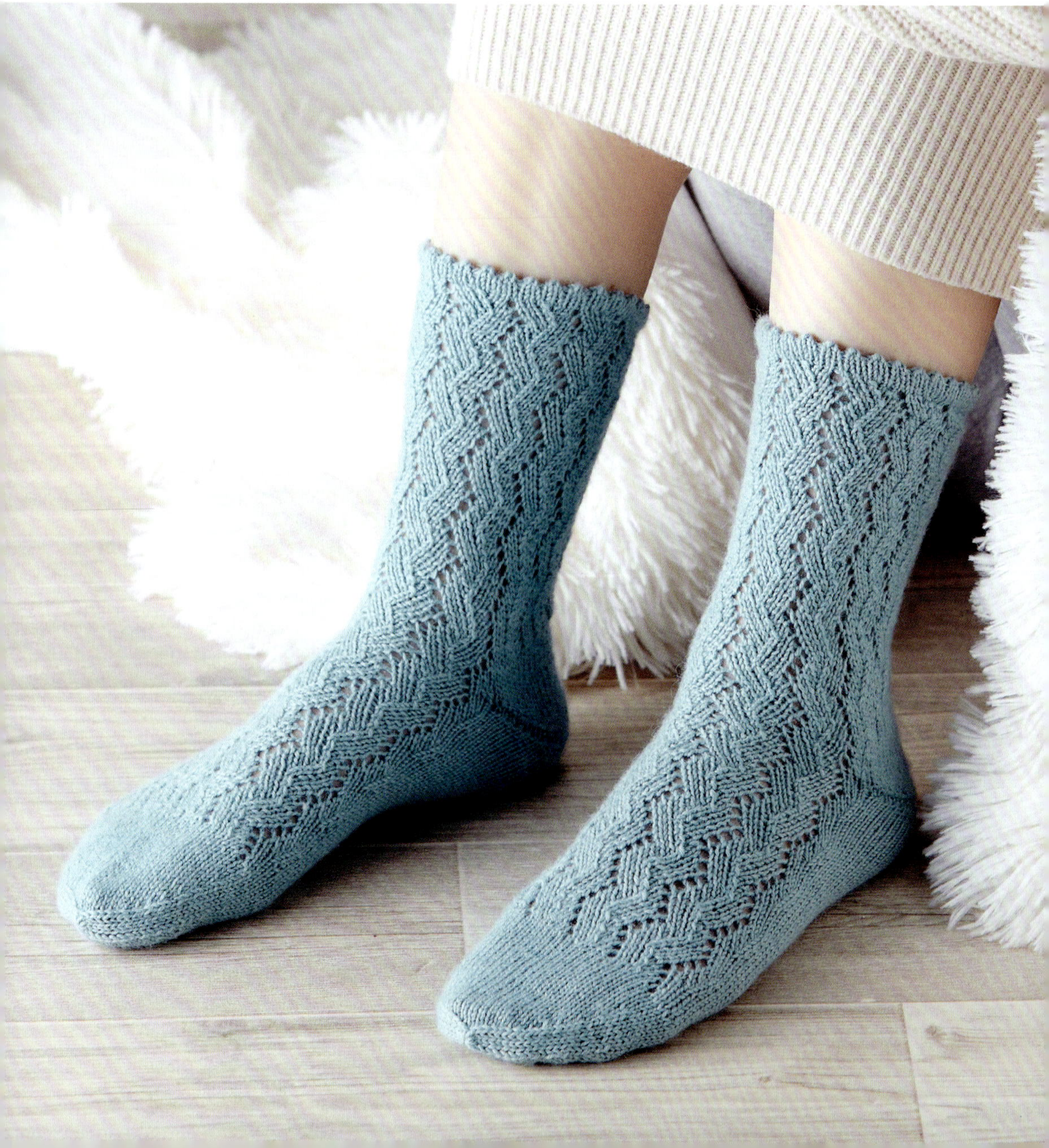

GRÖSSE
38/39

MATERIAL
- Schachenmayr Regia Premium Silk (LL 400 m/100 g) in Pastell Turquoise (Fb 60), 100 g
- Nadelspiel 2,5 mm

MASCHENPROBE
Glatt rechts
mit Nd 2,5 mm
30 M und 42 R
= 10 cm x 10 cm

■ = 1 Masche rechts
○ = 1 Umschlag
◣ = 2 Maschen rechts überzogen zusammenstricken: 1 Masche wie zum Rechtsstricken abheben, die nächste Masche rechts stricken und die abgehobene Masche überziehen
◢ = 2 Maschen rechts zusammenstricken

Glatt rechts

In Hinr rechte M, in Rückr linke M, bzw. in Rd alle M rechts str.

Wellenmuster

M-Zahl teilbar durch 6 + 1 M
Es sind nur die ungeraden Rd gezeichnet, in den geraden Rd alle M und U rechts str. Mit der M vor dem Rapport beginnen, den Rapport von 6 M entsprechend der Anleitung fortlaufend wdh und mit den M nach dem Rapport enden. Die 1.-12. Rd entsprechend der Anleitung fortlaufend wdh.

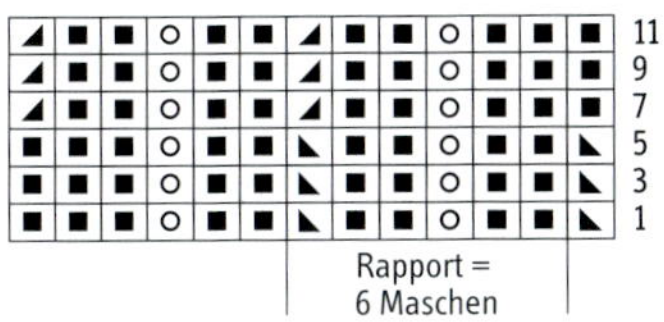

Anleitung

60 M anschl, auf 4 Nd des Ndspiels verteilen (= 15 M pro Nd) und zur Rd schließen. 4 Rd glatt rechts str. Für die Umbruchkante mit Mäusezahnchen 1 Rd fortlaufend im Wechsel 1 U und 2 M rechts zusammenstricken. Anschließend 4 Rd glatt rechts arb. Dann die Anschlagkante hochklappen und fortlaufend je 1 M der Nd mit 1 M der Anschlagkante rechts zusammenstricken.
Die M auf den 4 Nd des Ndspiels neu verteilen (1. Nd 18 M, 2. Nd 12 M, 3. Nd 18 M, 4. Nd 12 M). Nach der Strickschrift für das Wellenmuster weiterarb und den Rapport von 6 M 9x str; dabei in der 1. Rd auf der 4. Nd nach der letzten M 1 M rechts verschränkt aus dem Querfaden zunehmen und gemäß Strickschrift glatt rechts str (= 61 M, 1. Nd 18 M, 2. Nd 12 M, 3. Nd 18 M, 4. Nd 13 M). Nach der 6. Rd die 1. M der 2. Nd auf die 1. Nd., die 1. M der 3. Nd auf die 2. Nd und die 1. M der 4. Nd auf die 3. Nd heben (1. Nd 19 M, 2. Nd 12 M, 3. Nd 18 M, 4. Nd 12 M). Die 7.-12. Rd str und nach der 12. Rd die M erneut umgruppieren. Die letzte M der 1. Nd auf die 2. Nd, die letzte M der 2. Nd auf die 3. Nd und die letzte M der 3. Nd auf die 4. Nd heben (1. Nd 18 M, 2. Nd 12 M, 3. Nd 18 M, 4. Nd 13 M).
Die 1.-12. Rd und die Umgruppierung der M jeweils nach der 6. und 12. Rd fortlaufend wiederholen.
Bei einer Schaftlänge von 15 cm auf der 1. und 4. Nd das Wellenmuster beenden und die M erneut umverteilen. Auf der 1. und 4. Nd je 15 M platzieren und die übrigen 31 M auf die 2. und 3. Nd verteilen. Über die M der 2. und 3. Nd im Wellenmuster weiterstr; über die M der 1. und 4. Nd noch 5 Rd glatt rechts str, dann über diese 30 M eine Bumerangferse nach der Grundanleitung arb. Anschließend über die M der 1. und 4. Nd glatt rechts und über die M der 2. und 3. Nd im Wellenmuster weiterarb. Bei einer Fußlänge von 19 cm das Wellenmuster beenden. 5 Rd glatt rechts über alle Nd str und dabei in der 1. Rd auf der 2. oder 3. Nd 1x 2 M rechts zusammenstricken (= 60 M, 15 M pro Nd). Dann eine Bandspitze nach der Grundanleitung arb. Die Fadenenden vernahen.
Die zweite Socke genauso str.

Mein Tipp für Sie

Weitere Größen Die gemäß Größentabelle benötigte Anzahl an M anschl und das Bündchen str. Wenn zu Beginn des Wellenmusters die Anzahl der M nicht durch 6 +1 M teilbar sein sollte, die noch fehlenden M zunehmen und nach Abschluss des Wellenmusters wieder abnehmen. Dies auch bei der Fortführung des Wellenmusters auf der 2. und 3. Nd beachten.

Edles Grau und Rosa

zweifarbiges Flechtmuster

GRÖSSE
38/39

MATERIAL
- Lana Grossa Meilenweit 100 Soja (LL 400 m/100 g) in Grau meliert (Fb 08), und Antikrosa (Fb 20), je 100 g
- Nadelspiel 2,5 mm

MASCHENPROBE
Glatt rechts
mit Nd 2,5 mm
30 M und 42 R
= 10 cm x 10 cm

Glatt rechts

In Hinr rechte M, in Rückr linke M, bzw. in Rd alle M rechts str.

Bündchenmuster

M-Zahl teilbar durch 3
Nach der Strickschrift in Rd arb. Den Rapport entsprechend der Anleitung fortlaufend wdh. Die 1.-4. Rd 1x str und die 2.-4. Rd entsprechend der Anleitung fortlaufend wdh.

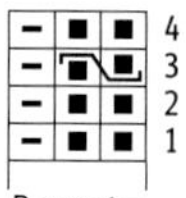

Rapport = 3 Maschen

■ = 1 Masche rechts
– = 1 Masche links
■╲■ = 1 Masche auf einer Hilfsnadel vor die Arbeit legen, 1 Masche rechts stricken, dann die Masche der Hilfsnadel rechts stricken.

Zweifarbiges Flechtmuster

M-Zahl teilbar durch 6
Nach der Strickschrift in Rd arb. Den Rapport und die 1.-12. Rd entsprechend der Anleitung fortlaufend wdh und mit einer 4. oder 10. Rd enden.

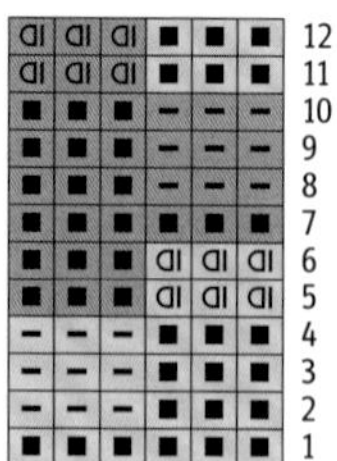

Rapport = 6 Maschen

■ = 1 Masche rechts in Antikrosa
■ = 1 Masche rechts in Grau
– = 1 Masche links in Antikrosa
– = 1 Masche links in Grau
ɑl = 1 Masche in Antikrosa wie zum Linksstricken abheben mit dem Faden hinter der Masche.
ɑl = 1 Masche in Grau wie zum Linksstricken abheben mit dem Faden hinter der Masche.

Anleitung

60 M in Grau anschl, auf 4 Nd des Ndspiels verteilen (= 15 M pro Nd) und zur Rd schließen. 13 Rd im Bündchenmuster in Grau arb und dabei den Rapport von 3 M 20x je Rd, die 1.-4. Rd 1x und die 2.-4. Rd 3x str. Anschließend nach der Strickschrift im Flechtmuster in Rosa und Grau weiterarb. Den Rapport von 6 M 10x je Rd, die 1.-12. Rd 6x und abschließend die 1.-4.Rd noch 1x str. Den Faden in Rosa abschneiden und in Grau weiterarb.
6 Rd glatt rechts str. Danach über die 30 M der 1. und 4. Nd eine Bumerangferse nach der Grundanleitung arb und auf der 2. und 3. Nd weiter glatt rechts str. Im Anschluss über alle M in Rd glatt rechts weiterstr und bei einer Fußlänge von 20 cm eine Bandspitze nach der Grundanleitung arb. Die Fadenenden vernähen.
Die zweite Socke genauso str.

Mein Tipp für Sie

Weitere Größen Die gemäß Größentabelle benötigte Anzahl an M anschl und das Bündchen str. Für eine durch 6 teilbare M-Zahl vor dem Flechtmuster ggf. noch fehlende M gleichmäßig verteilt zunehmen und nach Abschluss des Flechtmusters wieder abnehmen.

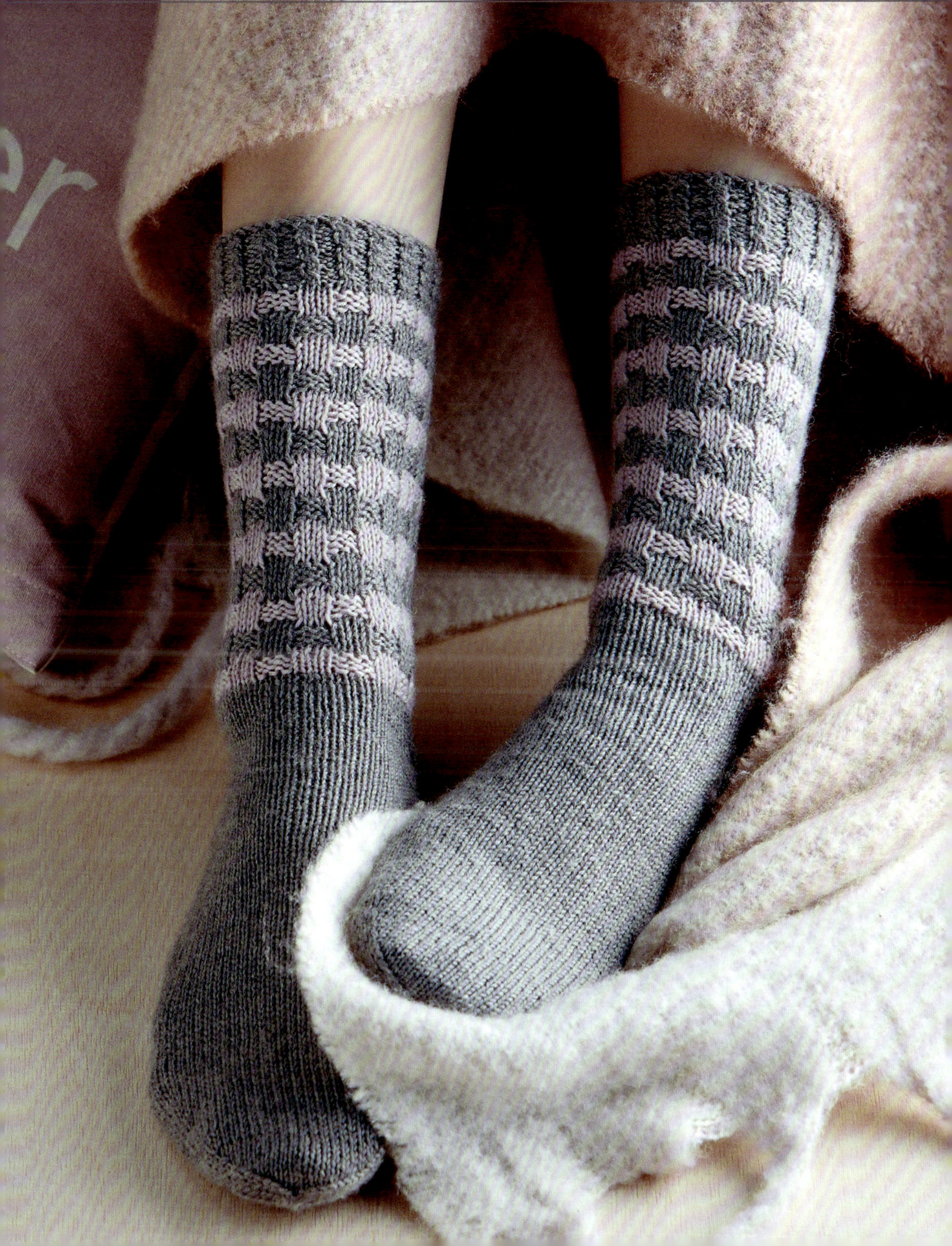

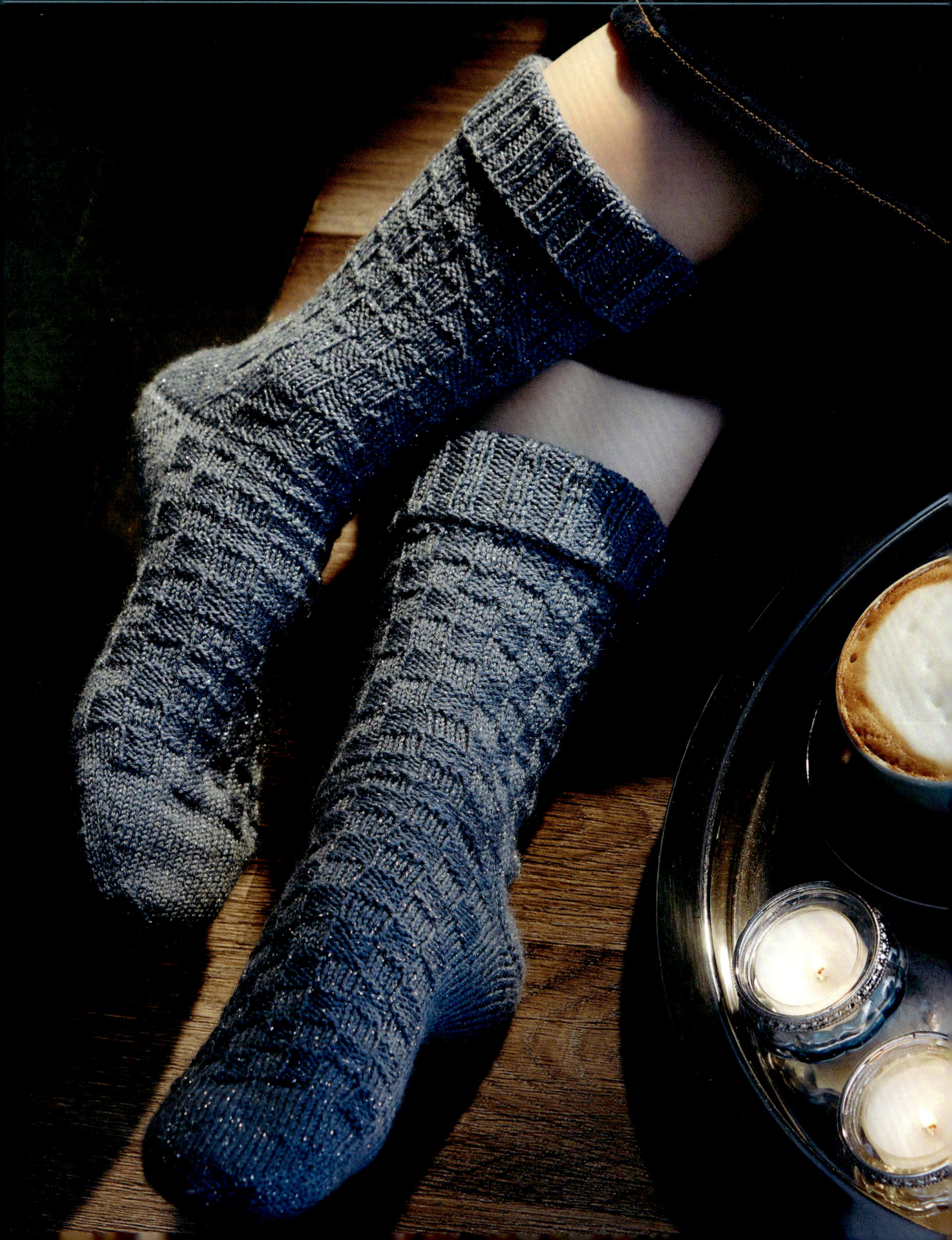

Plastische Karos

Schachbrettmuster – einfach und dekorativ

GRÖSSE

38/39

MATERIAL

- Lana Grossa Meilenweit 50 Late night (LL 200 m/50 g) in Graublau (Fb 2906), 100 g
- Nadelspiel 2,5 mm

MASCHENPROBE

Glatt rechts
mit Nd 2,5 mm
30 M und 42 R
= 10 cm x 10 cm

Glatt rechts

In Hinr rechte M, in Rückr linke M, bzw. in Rd alle M rechts str.

Bündchenmuster

2 M rechts, 2 M links im Wechsel str.

Schachbrettmuster

M-Zahl teilbar durch 8
Nach der Strickschrift in Rd arb. Den Rapport und die 1.-12. Rd entsprechend der Anleitung fortlaufend wdh.

–	–	–	–	–	–	–	–	12
■	■	■	■	–	–	–	–	11
■	■	■	■	–	–	–	–	10
■	■	■	■	–	–	–	–	9
■	■	■	■	–	–	–	–	8
■	■	■	■	–	–	–	–	7
–	–	–	–	■	■	■	■	6
–	–	–	–	■	■	■	■	5
–	–	–	–	■	■	■	■	4
–	–	–	–	■	■	■	■	3
–	–	–	–	■	■	■	■	2
–	–	–	–	■	■	■	■	1

Rapport = 8 Maschen

■ = 1 Masche rechts
– = 1 Masche links

Anleitung

64 M anschl. 1 R im Bündchenmuster str, damit die rechte Seite der Anschlagkante für den späteren Umschlag zunächst innen liegt. Anschließend die M auf 4 Nd des Ndspiels verteilen (= 16 M pro Nd), zur Rd schließen und 30 Rd im Bündchenmuster str. Nach der Strickschrift im Schachbrettmuster weiterarb und dabei den Rapport von 8 M 8x je Rd str. Die 1.-12. Rd 4x und die 1.-6. Rd noch 1x arb. Dann auf der 1. und 4. Nd das Schachbrettmuster beenden, dort noch 4 Rd glatt rechts str und dabei in der 1. Rd je Nd 1x 2 M rechts zusammenstr. Auf der 2. und 3. Nd das Schachbrettmuster fortführen (= 62 M, 1. Nd 15 M, 2. Nd 16 M, 3. Nd 16 M, 4. Nd 15 M) Dann über die 30 M der 1. und 4. Nd eine Bumerangferse nach der Grundanleitung arb. Anschließend wieder in Rd über die M der 1. und 4. Nd glatt rechts und über die M der 2. und 3. Nd im Schachbrettmuster weiterarb. Bei einer Fußlänge von 19 cm auf der 2. und 3. Nd das Schachbrettmuster beenden. 4 Rd glatt rechts über alle Nd str und dabei in der 1. Rd auf der 2. und 3. Nd je Nd 1x 2 M rechts zusammenstr (= 60 M, 15 M pro Nd). Dann eine Bandspitze nach der Grundanleitung arb. Die Fadenenden vernähen. Das Bündchen umschlagen. Die zweite Socke genauso str.

Mein Tipp für Sie

Weitere Größen Sollte die gemäß Größentabelle benötigte Anzahl an M nicht durch 8 teilbar sein, 4 M zusätzlich anschl und damit Bündchen- und Schachbrettmuster str. Nach Beendigung des Schachbrettmusters diese zusätzlichen M auf den jeweiligen Nd wieder abnehmen.

Würfel-Illusion

grafisches Schwarz und Weiß

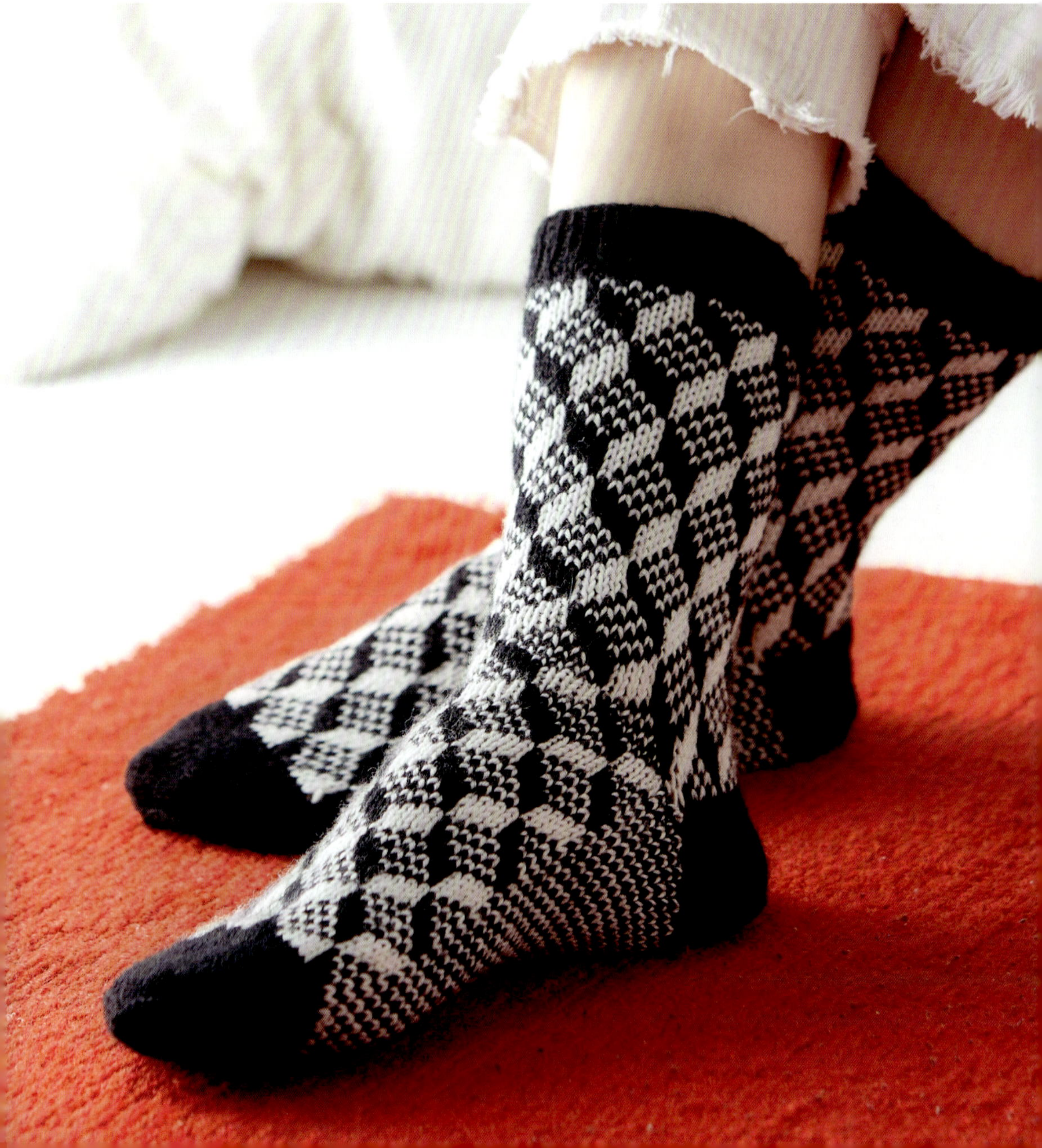

GRÖSSE
38/39

MATERIAL
- Lana Grossa Meilenweit 50 Cashmere (LL 210 m/50 g) in Schwarz (Fb 08) und Weiß (Fb 01), je 50 g
- Nadelspiel 2,5 mm

MASCHENPROBE
Glatt rechts
mit Nd 2,5 mm
30 M und 42 R
= 10 cm x 10 cm

Glatt rechts
In Hinr rechte M, in Rückr linke M, bzw. in Rd alle M rechts str.

Bündchenmuster
1 M rechts, 1 M links im Wechsel str.

Würfel-Illusionsmuster
M-Zahl teilbar durch 8
In Jacquardtechnik nach dem Zählmuster in Rd arb. Den Rapport und die 1.-14. Rd entsprechend der Anleitung fortlaufend wdh.

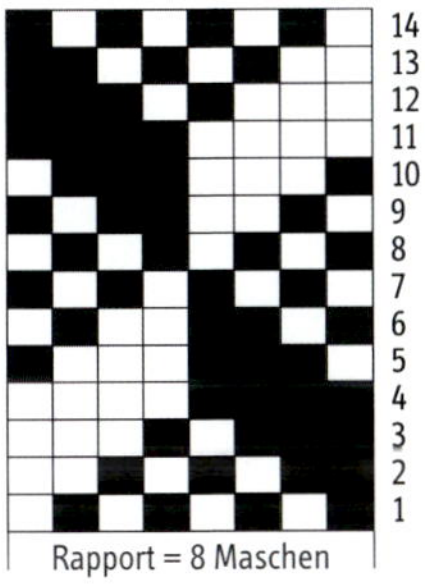

Sohlenmuster
M-Zahl teilbar durch 2
In Jacquardtechnik nach dem Zählmuster in Rd arb. Den Rapport und die 1.-2. Rd entsprechend der Anleitung fortlaufend wdh.

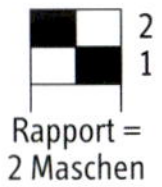

□ = 1 Masche in Weiß
■ = 1 Masche in Schwarz

Anleitung
60 M in Schwarz anschl, auf 4 Nd des Nadelspiels verteilen (= 15 M pro Nd) und zur Rd schließen. 10 Rd im Bündchenmuster in Schwarz arb.
Dann 1 Rd rechte M in Schwarz str und dabei gleichmäßig verteilt 4 M rechts verschränkt aus dem Querfaden zunehmen (= 64 M, 16 M pro Nd). Anschließend zweifarbig im Würfel-Illusionsmuster nach dem Zählmuster weiterarb. Den Rapport von 8 M in jeder Rd 8x und die 1.-14. Rd 3x str. Dann auf der 1. und 4. Nd das Würfel-Illusionsmuster beenden und den weißen Faden abschneiden. Eine Bumerangferse in Schwarz nach der Grundanleitung über 32 M (Maschenaufteilung Ferse: 10/12/10) arb, aber nach der ersten Fersenhälfte keine 2 Rd über alle M str. Stattdessen gleich mit den verkürzten R der zweiten Fersenhälfte mit doppelten Maschen in entgegengesetzter Richtung von innen nach außen weiterarb. Dabei jeweils die doppelten M der ersten Fersenhälfte als 1 M abstricken. Anschließend in Rd über die M der 1. und 4. Nd im Sohlenmuster und über die M der 2. und 3. Nd im Würfel-Illusionsmuster weiterarb. Bei einer Fußlänge von 20 cm die Muster beenden und den weißen Faden abschneiden. Eine Bandspitze in Schwarz nach der Grundanleitung arb und dabei in der 1. Rd zusätzlich zu den Abnahmen für die Bandspitze auf jeder Nd je 1x 2 M rechts zusammenstr. Die Fadenenden vernähen.
Die zweite Socke genauso str.

Mein Tipp für Sie

Weitere Größen Die gemäß Größentabelle benötigte Anzahl an M anschl und das Bündchen str. Für eine durch 8 teilbare M-Zahl vor dem Würfel-Illusionsmuster ggf. noch fehlende M gleichmäßig verteilt zunehmen und vor Beginn der Bandspitze wieder abnehmen.

Effektvoll strukturiert

neutrales Grau für Traditionalisten

Glatt rechts

In Hinr rechte M, in Rückr linke M, bzw. in Rd alle M rechts str.

Bündchenmuster

3 M rechts, 1 M links im Wechsel str.

Schaftmuster

M-Zahl teilbar durch 8
Nach der Strickschrift in Rd arb.
Den Rapport und die 1.-8. Rd entsprechend der Anleitung fortlaufend wdh und mit einer 4. oder 8. Rd enden.

								Rd
–	■	■	■	–	■	■	■	8
–	–	–	–	–	■	■	■	7
–	■	■	■	–	■	■	■	6
–	–	–	–	–	■	■	■	5
–	■	■	■	–	■	■	■	4
–	■	■	■	–	–	–	–	3
–	■	■	■	–	■	■	■	2
–	■	■	■	–	–	–	–	1

Rapport = 8 Maschen

Oberfußmuster

M-Zahl teilbar durch 4 +1 M
Nach der Strickschrift in Rd arb.
Den Rapport von 4 M entsprechend der Anleitung fortlaufend wdh und mit der M nach dem Rapport enden.
Die 1. Rd entsprechend der Anleitung fortlaufend wdh.

					Rd
–	■	■	■	–	1

Rapport = 4 Maschen

■ = 1 Masche rechts
– = 1 Masche links

Anleitung

64 M anschl, auf 4 Nd des Ndspiels verteilen (= 16 M pro Nd) und zur Rd schließen. 16 Rd im Bündchenmuster str. Nach der Strickschrift im Schaftmuster weiterarb und dabei den Rapport von 8 M 8x je Rd str und die 1.-8. Rd fortlaufend wdh. Bei einer Schaftlänge von ca. 18 cm mit einer 4. oder 8. Rd das Schaftmuster beenden. Auf der 1. und 4. Nd noch 6 Rd glatt rechts str; gleichzeitig auf der 2. und 3. Nd mit dem Muster für den Oberfuß beginnen und dafür in der 1. Rd vor der 1. M der 2. Nd 1 M rechts verschränkt aus dem Querfaden zunehmen (= 65 M, 1. Nd 16 M, 2. Nd 17 M, 3. Nd 16 M, 4. Nd 16 M).

Den Rapport von 4 M 8x je Rd str und die 1. Rd fortlaufend wdh. Die Längsstreifen des Schaftmusters dabei fortführen. Dann auf der 1. und 4. Nd eine Bumerangferse nach der Grundanleitung über 32 M arb und auf der 2. und 3. Nd das Oberfußmuster fortführen. Anschließend über die M der 1. und 4. Nd glatt rechts und über die M der 2. und 3. Nd im Muster für den Oberfuß weiterarb. Bei einer Fußlänge von 21 cm das Oberfußmuster beenden. Noch 5 Rd glatt rechts über alle Nd str und dabei in der 1. Rd die 1. und 2. M der 2. Nd rechts zusammenstr (= 64 M). Dann eine Bandspitze nach der Grundanleitung arb. Die Fadenenden vernähen.
Die zweite Socke genauso str.

Mein Tipp für Sie

Weitere Größen Die gemäß Größentabelle benötigte Anzahl an M anschl und das Bündchen str. Wenn zu Beginn des Schaftmusters die Anzahl der M nicht durch 8 teilbar sein sollte, dafür noch fehlende M gleichmäßig verteilt zunehmen und vor Beginn des glatt rechten Teils der Ferse bzw. der Bandspitze wieder abnehmen. Beim Oberfußmuster darauf achten, die Längsstreifen des Schaftmusters fortzuführen.

GRÖSSE
42/43

MATERIAL

- Schoppel Admiral Hanf (LL 420 m/ 100 g) in Porzellan (Fb 2380), 100 g
- Nadelspiel 2,5 mm

MASCHEN-PROBE
Glatt rechts mit Nd 2,5 mm 30 M und 42 R = 10 cm x 10 cm

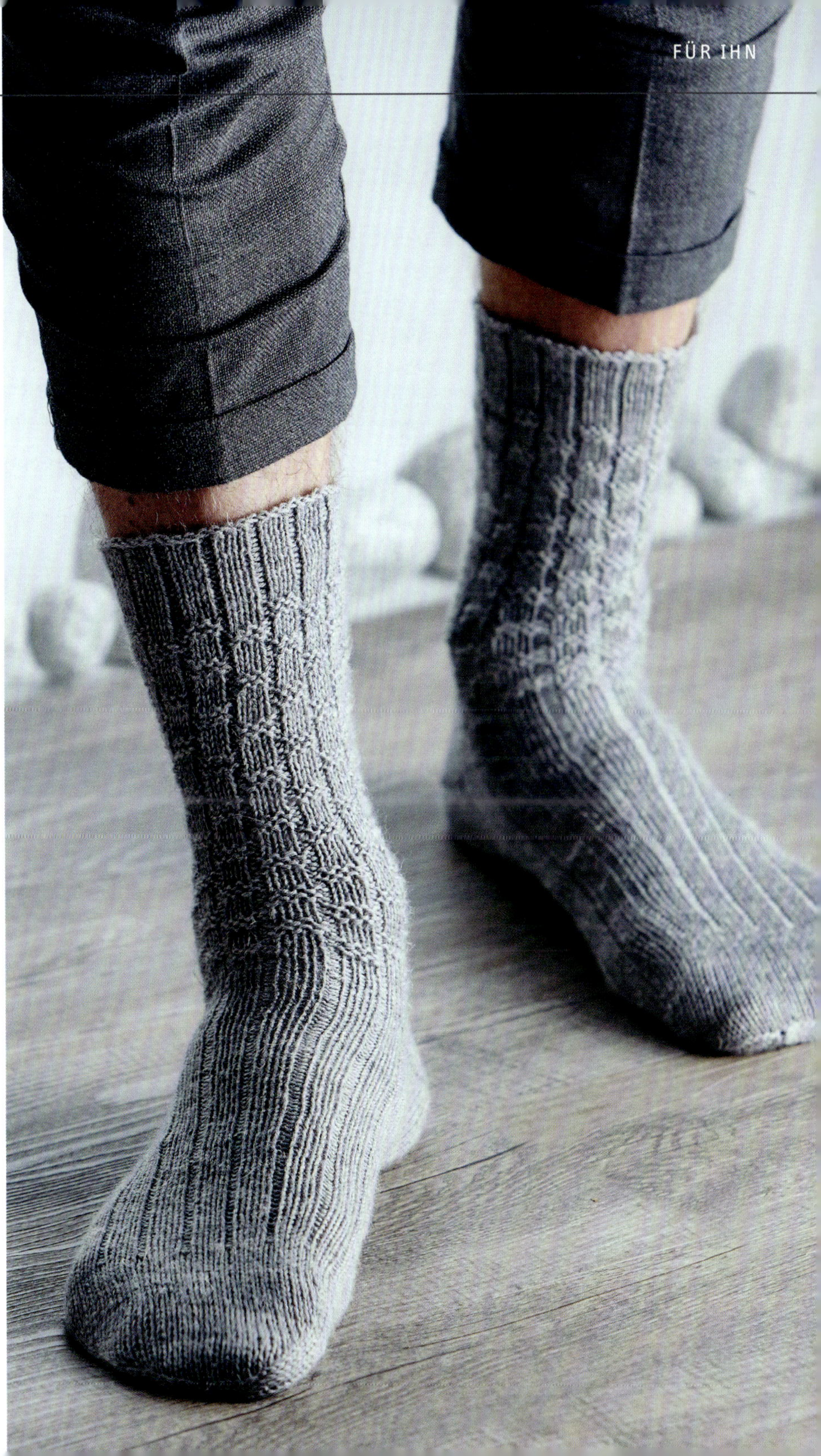

Dezente Bordüren

Jacquardmuster im Norwegerstil

GRÖSSE
42/43

MATERIAL
- Woll Butt Söckli (LL 210 m/50 g) in Dunkelgrau (Fb 38765), 100 g und in Natur (Fb 41051), 50 g
- Nadelspiel 2,5 mm

MASCHENPROBE
Glatt rechts
mit Nd 2,5 mm
30 M und 42 R
= 10 cm x 10 cm

Glatt rechts

In Hinr rechte M, in Rückr linke M, bzw. in Rd alle M rechts str.

Bündchenmuster

2 M rechts, 2 M links im Wechsel str.

Jacquardbordüre

M-Zahl teilbar durch 4
In Jacquardtechnik nach dem Zählmuster in Rd arb. Den Rapport entsprechend der Anleitung fortlaufend wdh und die 1.-23. Rd 1x str.

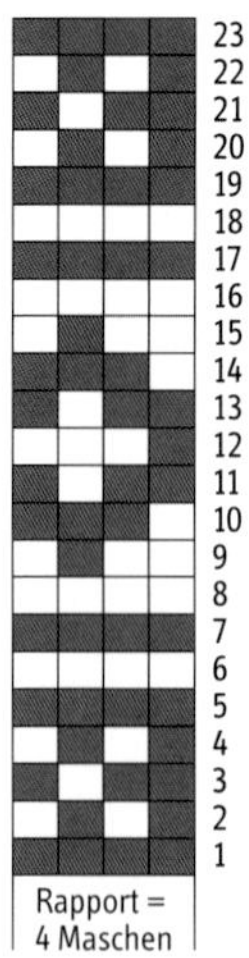

□ = 1 Masche in Naturweiß
■ = 1 Masche in Dunkelgrau

Anleitung

64 M in Dunkelgrau anschl, auf 4 Nd des Ndspiels verteilen (= 16 M pro Nd) und zur Rd schließen. 10 Rd im Bündchenmuster str und bis zu einer Schaftlänge von 5,5 cm glatt rechts weiterarb. Anschließend zweifarbig weiterstr. Eine Bordüre in Jacquardtechnik nach dem Zählmuster arb und dabei den Rapport von 4 M 16x je Rd und die 1.-23. Rd 1x str. Dann den weißen Faden abschneiden und in Dunkelgrau glatt rechts weiterarb.
Bei einer Schaftlänge von ca. 18,5 cm über die 32 M der 1. und 4. Nd eine Bumerangferse nach der Grundanleitung arb und auf der 2. und 3. Nd weiter glatt rechts str. Anschließend über alle M in Rd glatt rechts weiterstr und bei einer Fußlänge von 22 cm eine Bandspitze nach der Grundanleitung arb. Die Fadenenden vernähen.
Die zweite Socke genauso str.

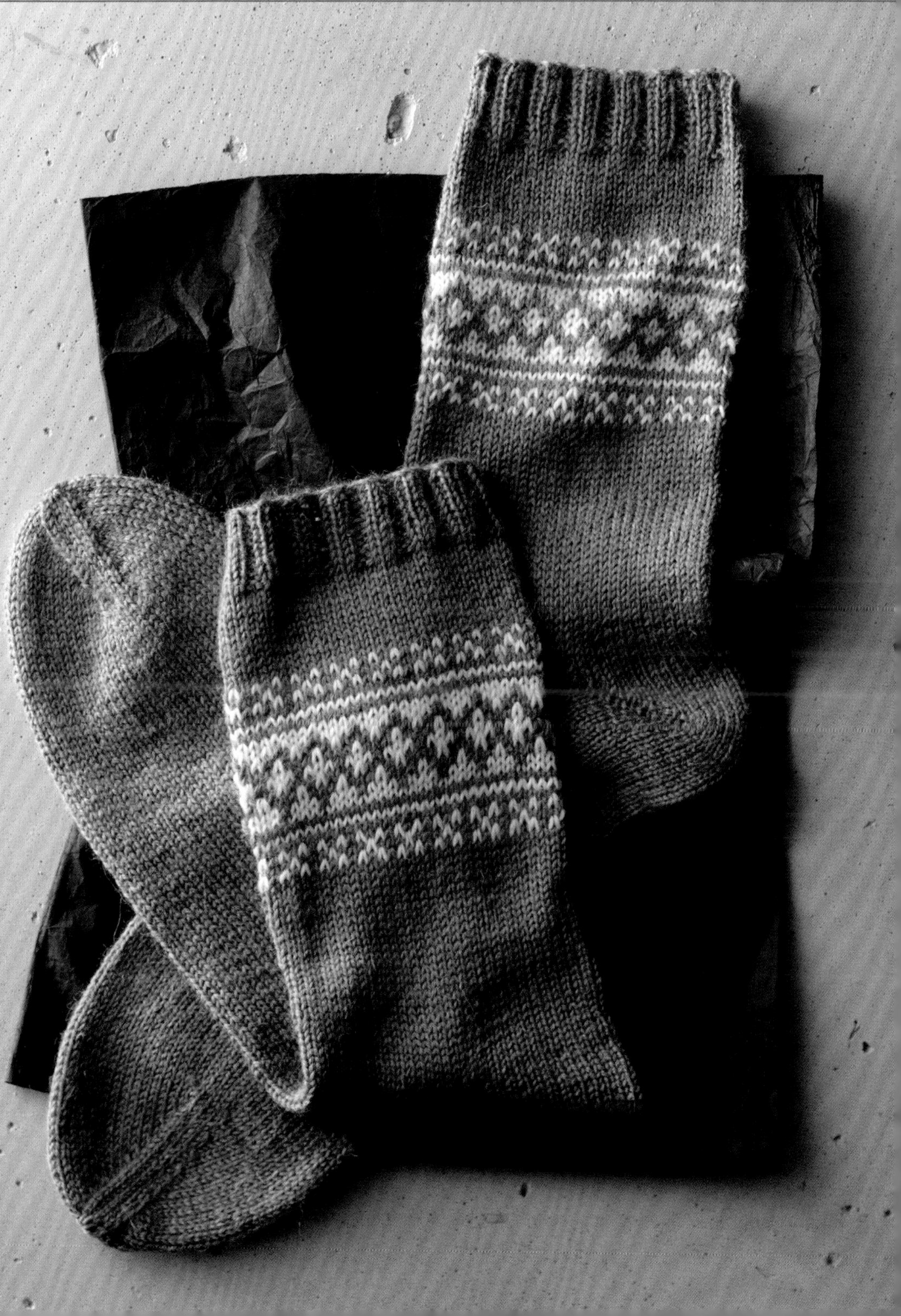

Herrlich plastisch

zeitlose Aranmuster

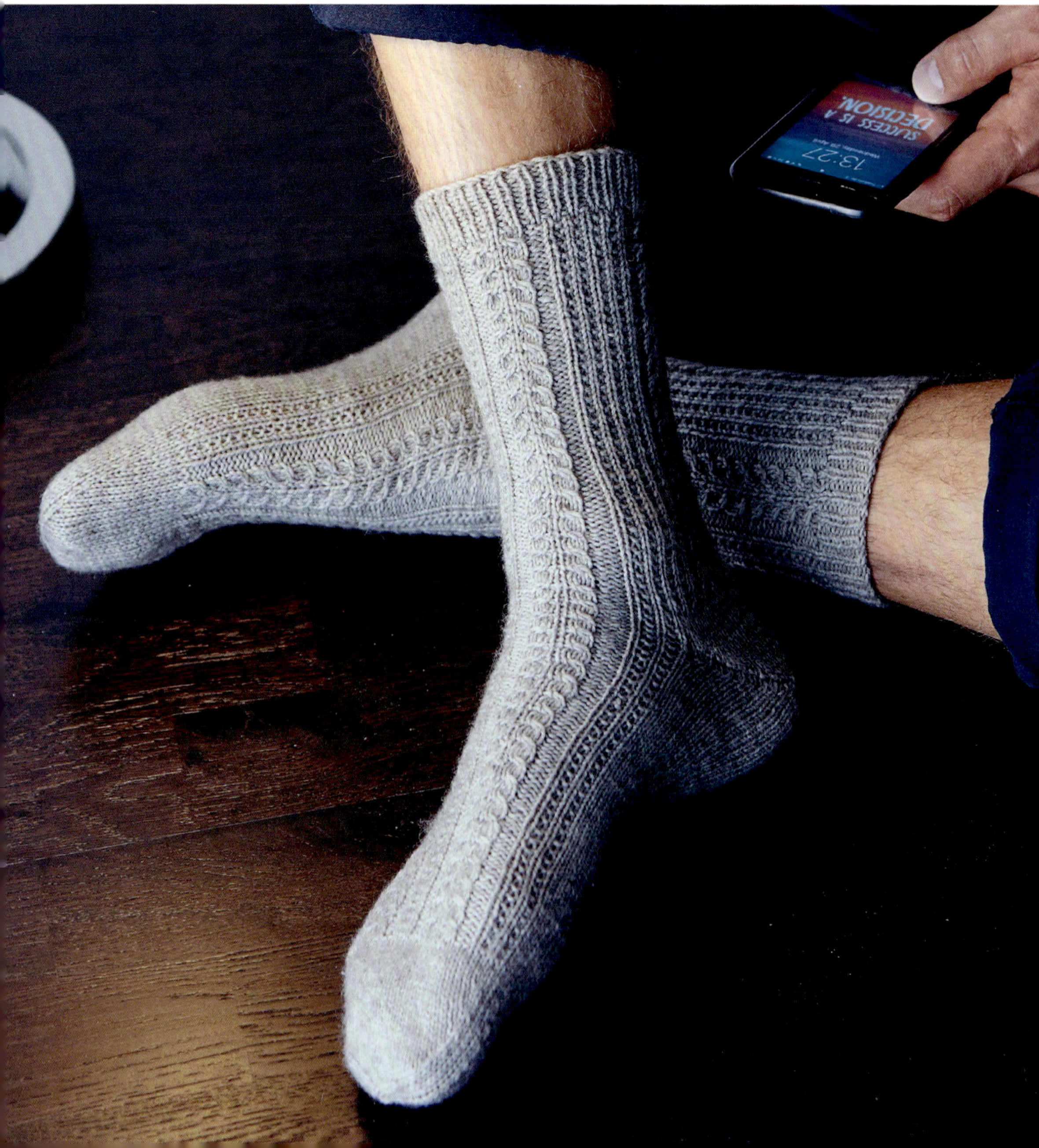

GRÖSSE
42/43

MATERIAL

- Regia Premium Merino Yak (LL 400 m/100 g) in Beige meliert (Fb 7510), 100 g
- Nadelspiel 2,5 mm

MASCHENPROBE
Glatt rechts mit Nd 2,5 mm 30 M und 42 R = 10 cm x 10 cm

Glatt rechts

In Hinr rechte M, in Rückr linke M, bzw. in Rd alle M rechts str.

Bündchenmuster

1 M rechts, 1 M links im Wechsel str.

Aranmuster

M-Zahl teilbar durch 4 + 52 M
Nach der Strickschrift in Rd arb. Den Rapport entsprechend der Anleitung fortlaufend wdh und die Strickschrift je Rd 2x arb. Die 1.-4. Rd fortlaufend wdh.

Anleitung

64 M anschl, auf 4 Nd des Ndspiels verteilen (= 16 M pro Nd) und zur Rd schließen. 10 Rd im Bündchenmuster str. Dann 1 Rd glatt rechts str und dabei gleichmäßig verteilt 4 M rechts verschränkt aus dem Querfaden zunehmen (= 68 M, 17 M pro Nd). Nach der Strickschrift im Aranmuster weiterarb und dabei den Rapport von 2 M 4x und die Strickschrift insgesamt je Rd 2x str. Die 1.-4. Rd bis zu einer Schaftlänge von ca. 18 cm fortlaufend wdh. Dann auf der 1. und 4. Nd das Aranmuster beenden. Dort noch 6 Rd glatt rechts str und dabei in der 1. Rd die letzte M der 1. Nd auf die 2. Nd hängen und auf der 4. Nd 1x 2 M rechts zusammenstr (= 67 M, 1. Nd 16 M, 2. Nd 18 M, 3. Nd 17 M, 4. Nd 16 M). Gleichzeitig auf der 2. und 3. Nd das Aranmuster fortführen. Im Anschluss über die 32 M der 1. und 4. Nd eine Bumerangferse nach der Grundanleitung str. Danach über die M der 1. und 4. Nd glatt rechts und über die M der 2. und 3. Nd im Aranmuster weiterarb. Bei einer Fußlänge von 21 cm auf der 2. und 3. Nd das Aranmuster beenden. 5 Rd glatt rechts über alle Nd str und dabei in der 1. Rd auf der 2. Nd 2x 2 M und auf der 3. Nd 1x 2 M rechts zusammenstr (= 64 M, 16 M pro Nd). Dann eine Bandspitze nach der Grundanleitung arb. Die Fadenenden vernähen.
Die zweite Socke genauso str.

Mein Tipp für Sie

Weitere Größen Die gemäß Größentabelle benötigte Anzahl an M anschl und das Bündchen str. Vor dem Aranmuster für die benötigte M-Zahl die noch fehlenden M sowie 4 M zusätzlich für das sich etwas zusammenziehende Zopfmuster zu nehmen. Diese zugenommenen M nach Abschluss des Aranmusters zu Beginn des glatt rechten Teils wieder abnehmen. Den Rapport entsprechend mehr oder weniger wdh.

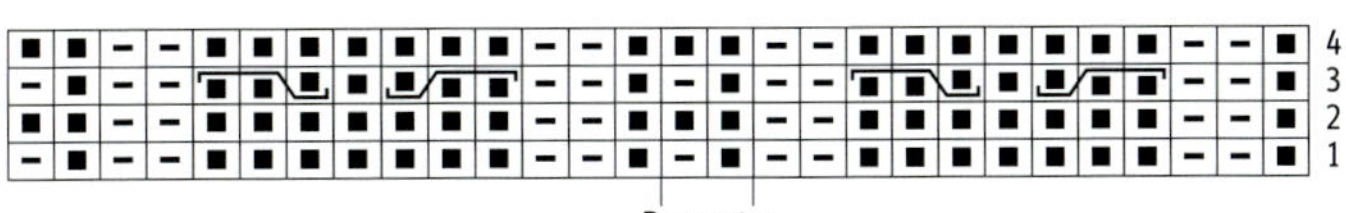

Rapport = 2 Maschen

■ = 1 Masche rechts

– = 1 Masche links

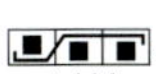 = 2 Maschen auf einer Hilfsnadel hinter die Arbeit legen, 1 Masche rechts stricken, dann die 2 Maschen der Hilfsnadel rechts stricken.

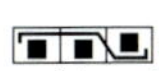 = 1 Masche auf einer Hilfsnadel vor die Arbeit legen, 2 Maschen rechts stricken, dann die Masche der Hilfsnadel rechts stricken.

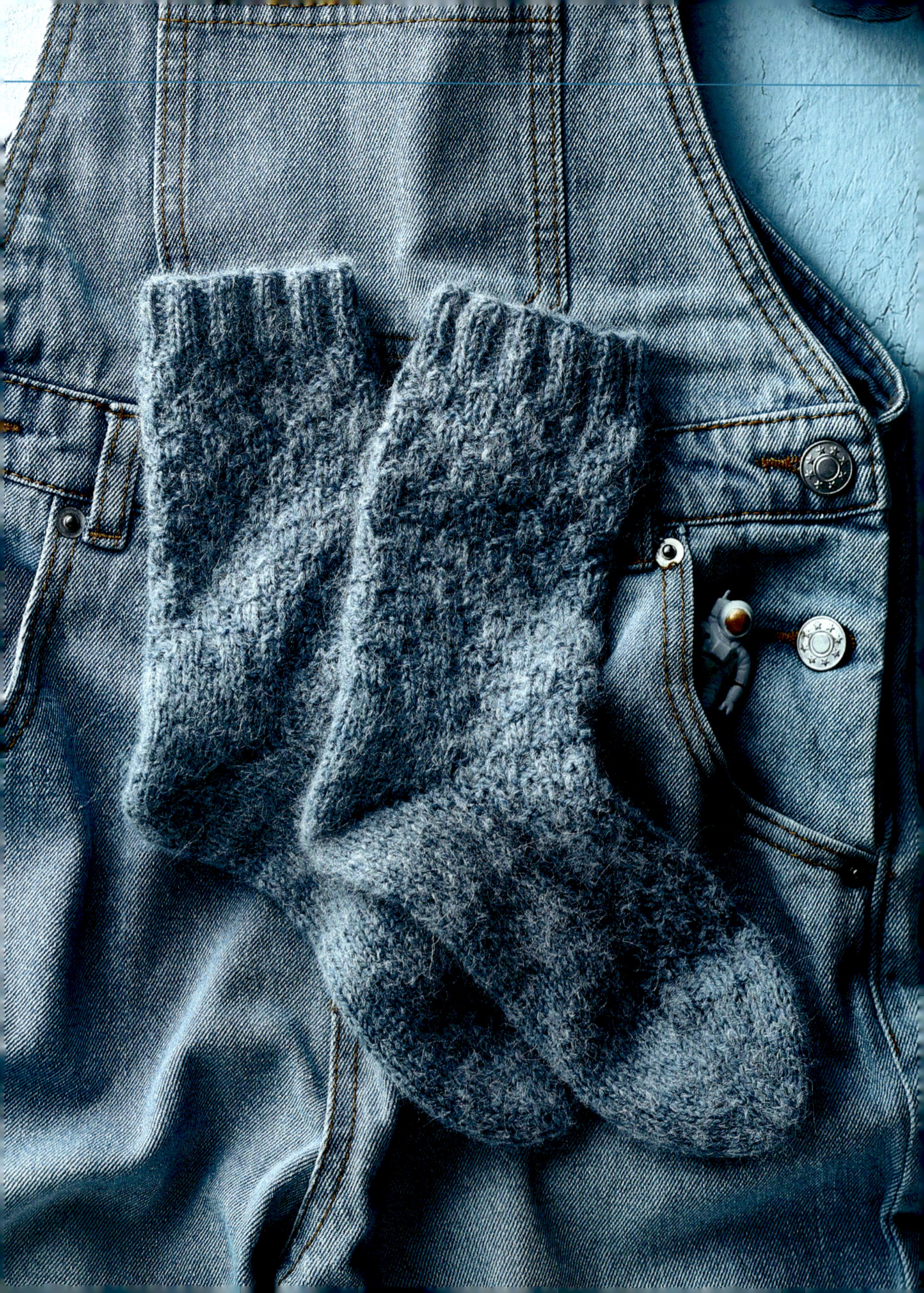

Die feinen Alpakafasern sorgen für ein besonders flauschiges Tragegefühl.

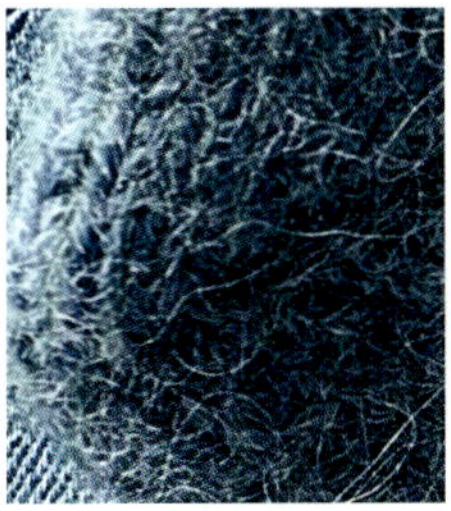

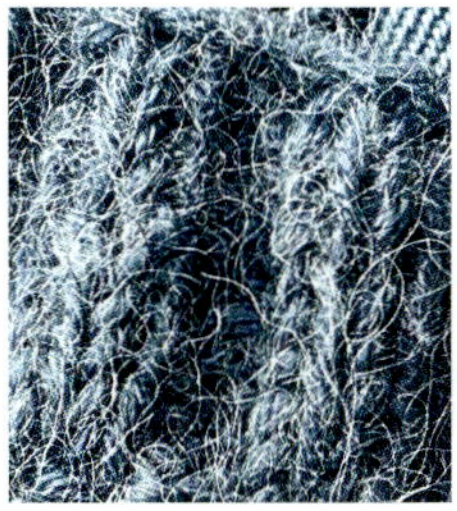

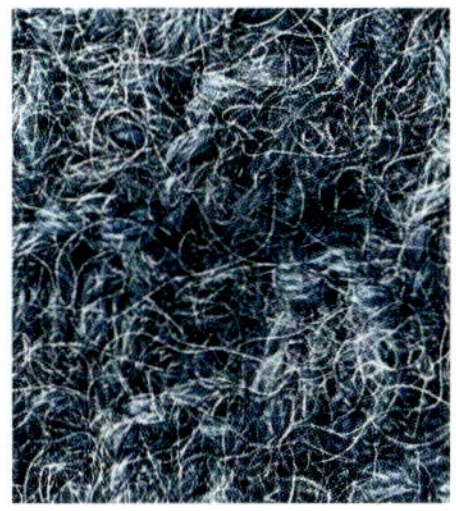

Kuschelflausch

Strukturmuster in zartem Blau

GRÖSSE
30/31

MATERIAL
- Schachenmayr Regia Premium Alpaca soft (LL 310 m/100 g) in Hellblau meliert (Fb 50), 100 g
- Nadelspiel 3,0 mm

MASCHENPROBE
Glatt rechts
mit Nd 3,0 mm
24 M und 32 R
= 10 cm x 10 cm

Glatt rechts

In Hinr rechte M, in Rückr linke M, bzw. in Rd alle M rechts str.

Bündchenmuster

2 M rechts, 2 M links im Wechsel str.

Strukturmuster

M-Zahl teilbar durch 4
Nach der Strickschrift in Rd arb. Den Rapport und die 1.-8. Rd entsprechend der Anleitung fortlaufend wdh.

–	–	■	■	8
–	–	■	■	7
–	–	■	■	6
–	–	■	■	5
■	■	–	–	4
■	■	–	–	3
■	■	–	–	2
■	■	–	–	1

Rapport = 4 Maschen

■ = 1 Masche rechts
– = 1 Masche links

Anleitung

44 M anschl, auf 4 Nd des Ndspiels verteilen (= 11 M pro Nd) und zur Rd schließen. 10 Rd im Bündchenmuster str. Nach der Strickschrift im Strukturmuster weiterarb und dabei den Rapport von 4 M 11x je Rd str und die 1.-8. Rd fortlaufend wdh. Bei einer Schaftlänge von ca. 12 cm auf der 1. und 4. Nd das Strukturmuster nach einer 4. oder 8. Rd beenden und dort noch 4 Rd glatt rechts str. Auf der 2. und 3. Nd das Strukturmuster fortführen. Dann eine Bumerangferse nach der Grundanleitung über 22 M arb. Anschließend über die M der 1. und 4. Nd glatt rechts und über die M der 2. und 3. Nd im Strukturmuster weiterarb. Bei einer Fußlänge von 15 cm das Strukturmuster beenden. 3 Rd glatt rechts über alle Nd str und dann eine Bandspitze nach der Grundanleitung arb. Die Fadenenden vernähen.
Die zweite Socke genauso str.

Punkte und Streifen

mit Lieblingssocken-Garantie

GRÖSSE

30/31

MATERIAL

- Woll Butt Söckli (LL 210 m/50 g) in Avocado (Fb 12968) und Natur (Fb 41051), je 50 g
- Nadelspiel 2,5 mm

MASCHENPROBE

Glatt rechts
mit Nd 2,5 mm
30 M und 42 R
= 10 cm x 10 cm

Glatt rechts

In Hinr rechte M, in Rückr linke M, bzw. in Rd alle M rechts str.

Bündchenmuster

1 M rechts, 1 M links im Wechsel str.

Punkt-Streifenmuster

M-Zahl teilbar durch 3
In Jacquardtechnik nach dem Zählmuster in Rd arb. Den Rapport und die 1.-10. Rd entsprechend der Anleitung fortlaufend wdh.

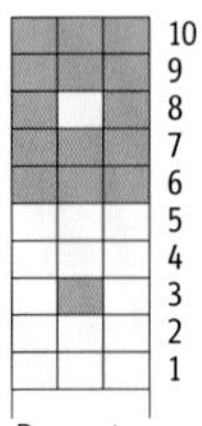

Rapport = 3 Maschen

□ = 1 Masche in Natur
■ = 1 Masche in Avocado

Anleitung

52 M in Avocado anschl, auf 4 Nd des Ndspiels verteilen (= 13 M pro Nd) und zur Rd schließen. 5 Rd im Bündchenmuster in Avocado str. Anschließend zweifarbig im Punkt-Streifenmuster nach der Strickschrift weiterarb und dabei in der 1. Rd auf der 1. Nd die 1. und 2. M rechts zusammenstricken (= 51 M, 1. Nd 12 M, 2.-4. Nd je 13 M). Den Rapport von 3 M in jeder Rd 17x str und die 1.-10. Rd 4x und die 1.-5. Rd 1x arb. Den weißen Faden abschneiden und in Avocado weiterarb. 5 Rd glatt rechts str und dabei in der 1. Rd auf der 1. Nd nach der 1. M 1 M rechts verschränkt aus dem Querfaden zunehmen (= 52 M, 13 M pro Nd). Im Anschluss über die 26 M der 1. und 4. Nd eine Bumerangferse nach der Grundanleitung arb und auf der 2. und 3. Nd weiter glatt rechts str. Dann über alle M in Rd glatt rechts weiterstr und bei einer Fußlänge von 15,5 cm eine Bandspitze nach der Grundanleitung arb. Die Fadenenden vernähen. Die zweite Socke genauso str.

Mein Tipp für Sie

Weitere Größen Die gemäß Größentabelle benötigte Anzahl an M anschl und das Bündchen str. Für eine durch 3 teilbare M-Zahl vor dem Punkt-Streifenmuster ggf. 1 M zu- oder abnehmen und diese nach Abschluss des Musters wieder ab- oder zunehmen.

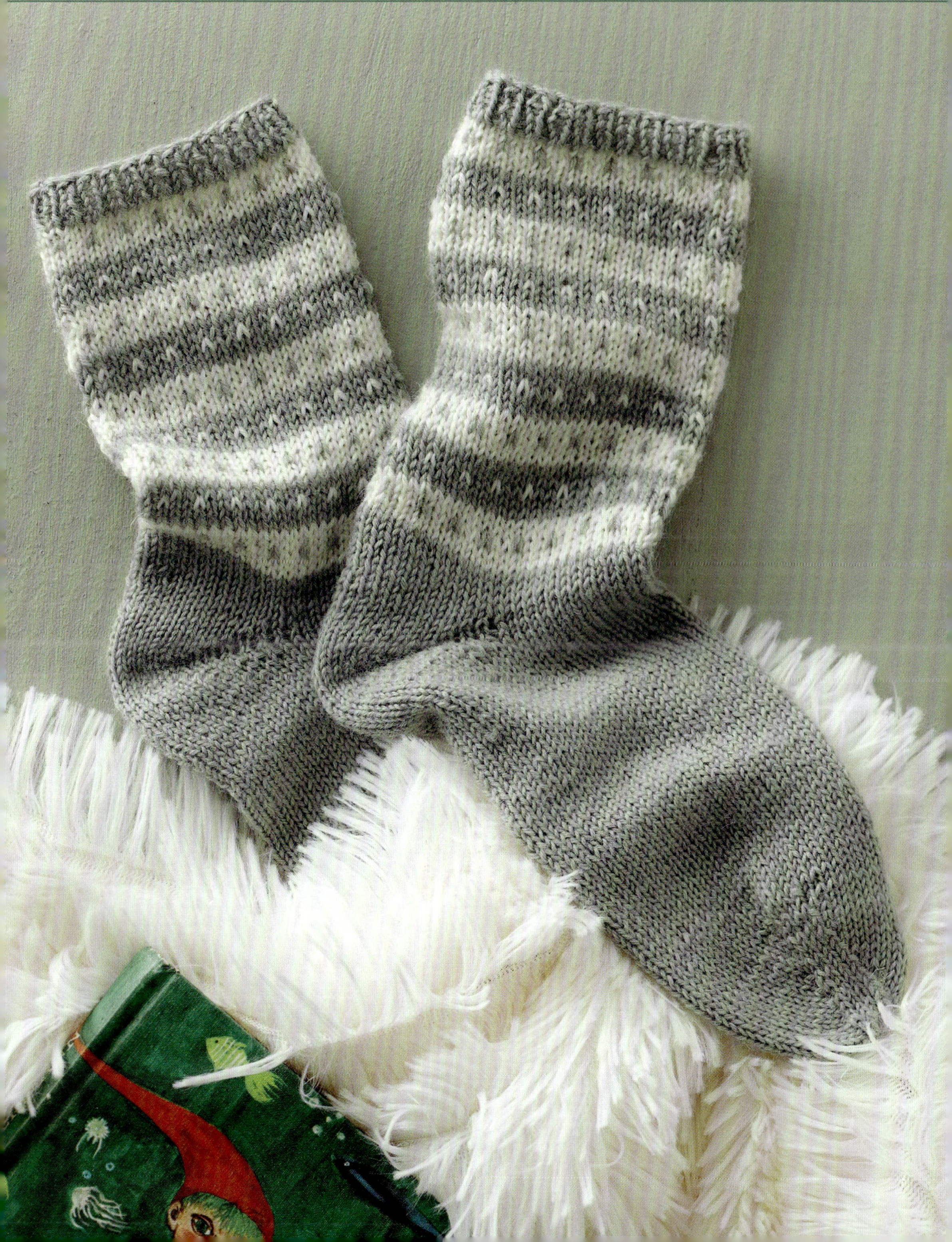

Mini-Zöpfe

Klassiker für die Jüngsten

GRÖSSE
30/31

MATERIAL
- Schachenmayr Regia Premium Bamboo (LL 400 m/100 g) in Taupe (Fb 23), 100 g
- Nadelspiel 2,5 mm

MASCHENPROBE
Glatt rechts
mit Nd 2,5 mm
30 M und 42 R
= 10 cm x 10 cm

Glatt rechts

In Hinr rechte M, in Rückr linke M, bzw. in Rd alle M rechts str.

Bündchenmuster

1 M rechts, 1 M links im Wechsel str.

Zopfmuster

M-Zahl teilbar durch 6 + 26 M
Nach der Strickschrift in Rd arb. Die Rapporte und die 1.-4. Rd entsprechend der Anleitung fortlaufend wdh.

Anleitung

52 M anschl, auf 4 Nd des Ndspiels verteilen (= 13 M pro Nd) und zur Rd schließen. 8 Rd im Bündchenmuster str. Dann 1 Rd rechte M str und dabei auf jeder Nd 1 M rechts verschränkt aus dem Querfaden zunehmen (= 56 M, 14 M pro Nd).
Nach der Strickschrift im Zopfmuster weiterarb, dabei Rapport 1 und 2 in jeder Rd je 5x str und die 1.-4. Rd fortlaufend wdh. Liegen zwei zu verzopfende Maschen auf unterschiedlichen Nadeln, diese zunächst auf eine Nadel nehmen, verzopfen und anschließend wieder verteilen. Bei einer Schaftlänge von ca. 13 cm das Zopfmuster auf der 1. und 4. Nd nach einer 2. Rd beenden. Dort noch 5 Rd glatt rechts str und dabei in der 1. Rd auf der 1. und 4. Nd je 1x 2 M rechts zusammenstr (= 54 M, 1. Nd 13 M, 2. Nd 14 M, 3. Nd 14 M, 4. Nd 13 M). Auf der 2. und 3. Nd das Zopfmuster fortführen, jedoch die einzelnen rechten M am Anfang der 2. und Ende der 3. Nd nicht mehr verzopfen. Dann eine Bumerangferse nach der Grundanleitung über 26 M arb. Anschließend über die M der 1. und 4. Nd glatt rechts und über die M der 2. und 3. Nd im Zopfmuster weiterarb. Bei einer Fußlänge von 15 cm das Zopfmuster beenden. 3 Rd glatt rechts über alle Nd str und dabei in der 1. Rd auf der 2. und 3. Nd jeweils 1x 2 M rechts zusammenstr (= 52 M, 13 M pro Nd). Dann eine Bandspitze nach der Grundanleitung arb. Die Fadenenden vernähen. Die zweite Socke genauso str.

Mein Tipp für Sie

Weitere Größen Die gemäß Größentabelle benötigte Anzahl an M anschl und das Bündchen str. Vor dem Zopfmuster für die benötigte M-Zahl die noch fehlenden M zunehmen und diese danach wieder abnehmen. Rapport 1 und 2 entsprechend mehr oder weniger wdh.

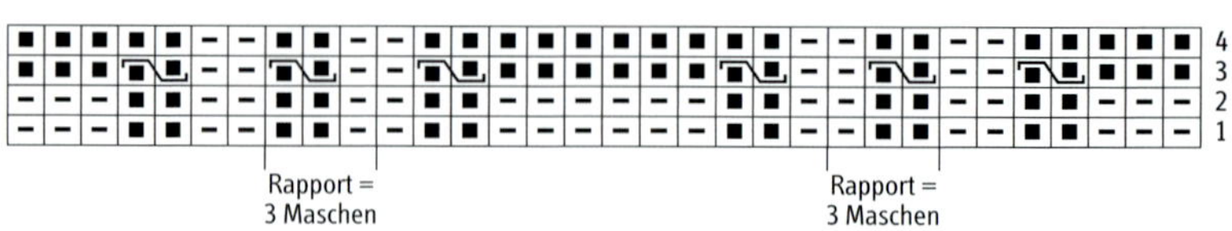

■ = 1 Masche rechts
– = 1 Masche links

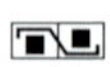 = 1 Masche auf einer Hilfsnadel vor die Arbeit legen, 1 Masche rechts stricken, dann die Masche der Hilfsnadel rechts stricken.

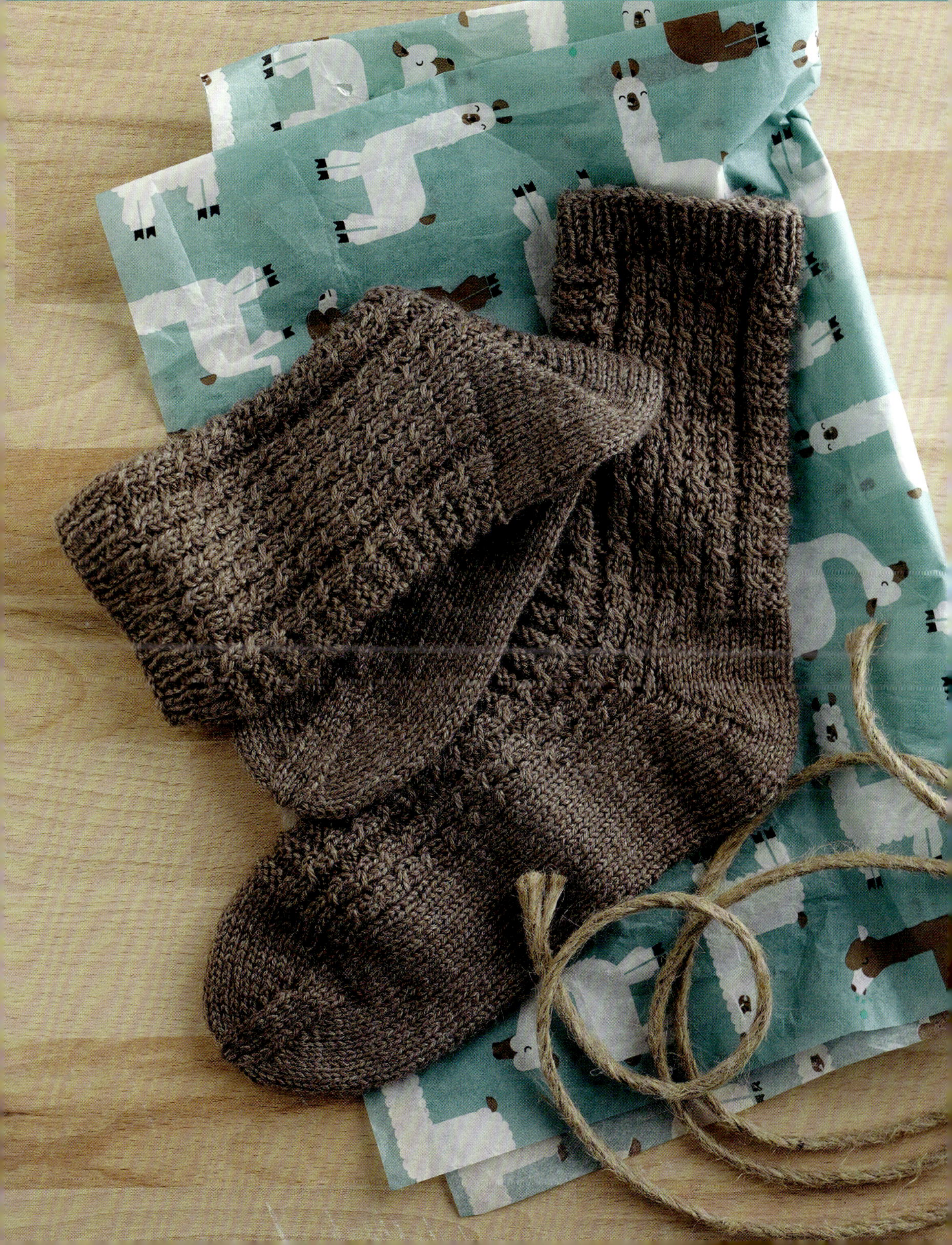

Völlig abgehoben

interessant gebrochene Hebemaschen-Streifen

GRÖSSE
30/31

MATERIAL
- Lana Grossa Meilenweit 50 Cashmere (LL 210 m/50 g) in Pastellrosa (Fb 36), Silbergrau (Fb 35), und Dunkelgrau (Fb 07), je 50 g
- Nadelspiel 2,5 mm

MASCHENPROBE
Glatt rechts
mit Nd 2,5 mm
30 M und 42 R
= 10 cm x 10 cm

Glatt rechts

In Hinr rechte M, in Rückr linke M, bzw. in Rd alle M rechts str.

Bündchenmuster

2 M rechts, 1 M links im Wechsel str.

Streifenmuster

M-Zahl teilbar durch 3
Nach der Strickschrift in Rd arb. Den Rapport und die 1.-9. Rd entsprechend der Anleitung fortlaufend wdh. In den Rd ohne Hebemaschen (= 3., 6. und 9. Rd) die M etwas lockerer str.

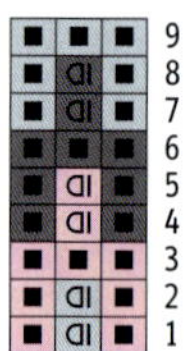

Rapport = 3 Maschen

■ = 1 Masche rechts in Pastellrosa
■ = 1 Masche rechts in Dunkelgrau
■ = 1 Masche rechts in Silbergrau
= 1 Masche in Pastellrosa wie zum Linksstricken abheben mit dem Faden hinter der Masche.
= 1 Masche in Dunkelgrau wie zum Linksstricken abheben mit dem Faden hinter der Masche.
= 1 Masche in Silbergrau wie zum Linksstricken abheben mit dem Faden hinter der Masche.

Anleitung

51 M in Silbergrau anschl, auf 4 Nd des Ndspiels verteilen und zur Rd schließen. 10 Rd im Bündchenmuster str. Dann 1 Rd rechte M in Silbergrau str und dabei gleichmäßig verteilt 3 M rechts verschränkt aus dem Querfaden zunehmen (= 54 M, 1. Nd 14 M, 2. Nd 13 M, 3. Nd 14 M, 4. Nd 13 M). Anschließend dreifarbig im Streifenmuster nach der Strickschrift weiterarb. Den Rapport von 3 M in jeder Rd 18x str. Die 1.-9. Rd bis zu einer Schaftlänge von ca. 10,5 cm fortlaufend wdh und mit einer 6. Rd enden. Die letzte M der 1. Nd auf die 2. Nd heben (1. Nd 13 M, 2. Nd 14 M, 3. Nd 14 M, 4. Nd 13 M). Die Fäden in Dunkelgrau und Rosa abschneiden und in Silbergrau weiterarb. Über die 26 M der 1. und 4. Nd eine Bumerangferse nach der Grundanleitung arb und auf der 2. und 3. Nd das Streifenmuster (7. + 8. Rd) fortführen. Anschließend dreifarbig weiterarb, über die M der 1. und 4. Nd in der jeweiligen Farbe glatt rechts arb und über die M der 2. und 3. Nd das Streifenmuster mit der 9. Rd (Silbergrau) fortführen. Bei einer Fußlänge von 15,5 cm das Streifenmuster mit einer 3., 6. oder 9. Rd beenden und dabei in der letzten Rd auf der 2. Nd die 2. und 3. M rechts überzogen und auf der 3. Nd die 12. und 13 M rechts zusammenstr (= 52 M, 13M pro Nd). Die Fäden in Dunkelgrau und Rosa abschneiden und in Silbergrau eine Bandspitze nach der Grundanleitung arb. Die Fadenenden vernähen. Die zweite Socke genauso str.

Mein Tipp für Sie

Weitere Größen Für eine durch 3 teilbare M-Zahl die gemäß Größentabelle benötigte Anzahl an M ggf. um 1 M ergänzen oder reduzieren, die M anschl und das Bündchen str. Danach für das sich etwas zusammenziehende Streifenmuster bei Kindersocken 3 M, bei Damensocken 6 M und bei Herrensocken 9 M zunehmen und diese M zu Beginn der Bumerangferse und der Bandspitze wieder auf die gemäß Größentabelle benötigte Anzahl an M reduzieren.

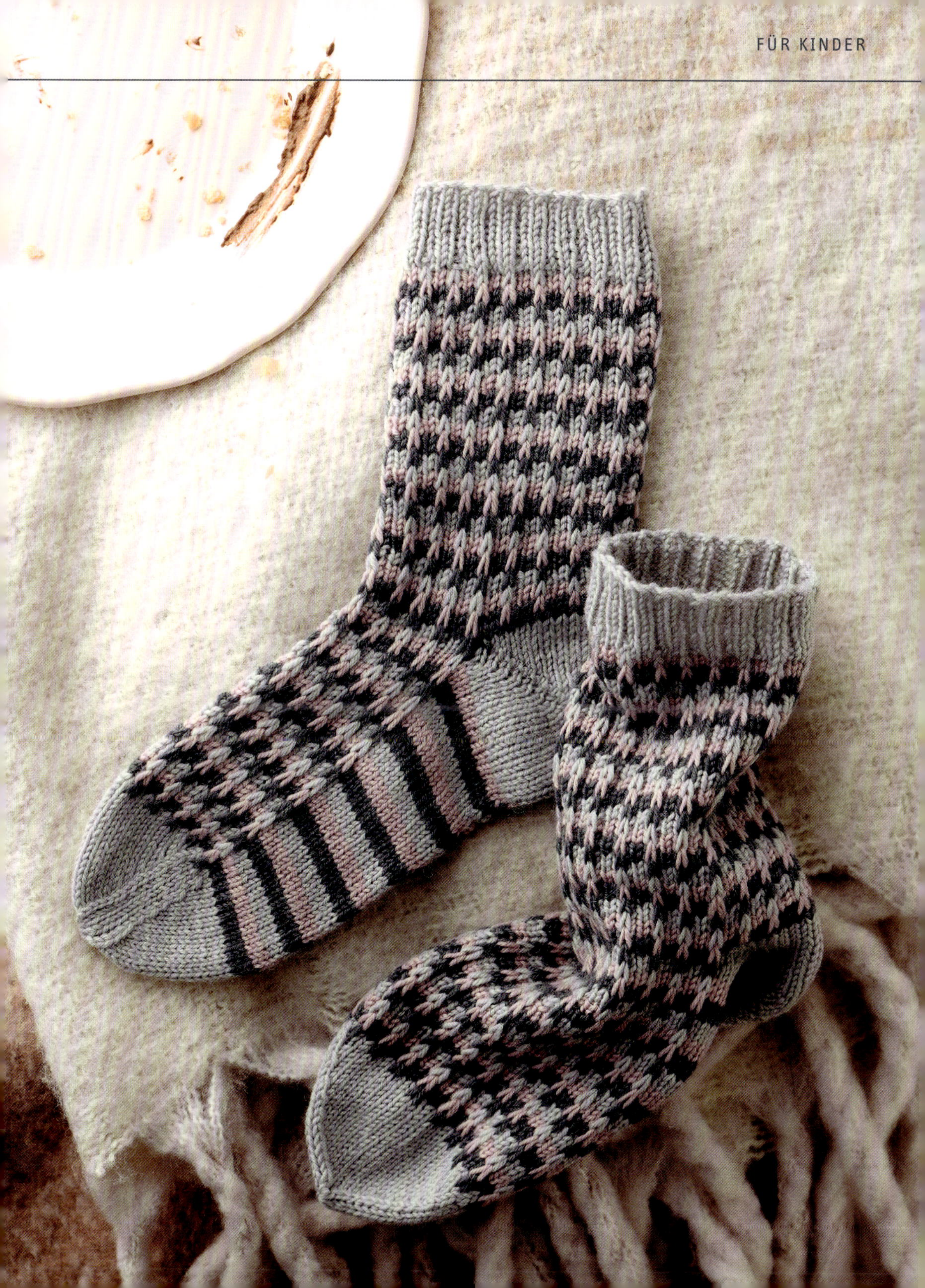

Für kleine Prinzessinnen

romantisch verspieltes Lochmuster

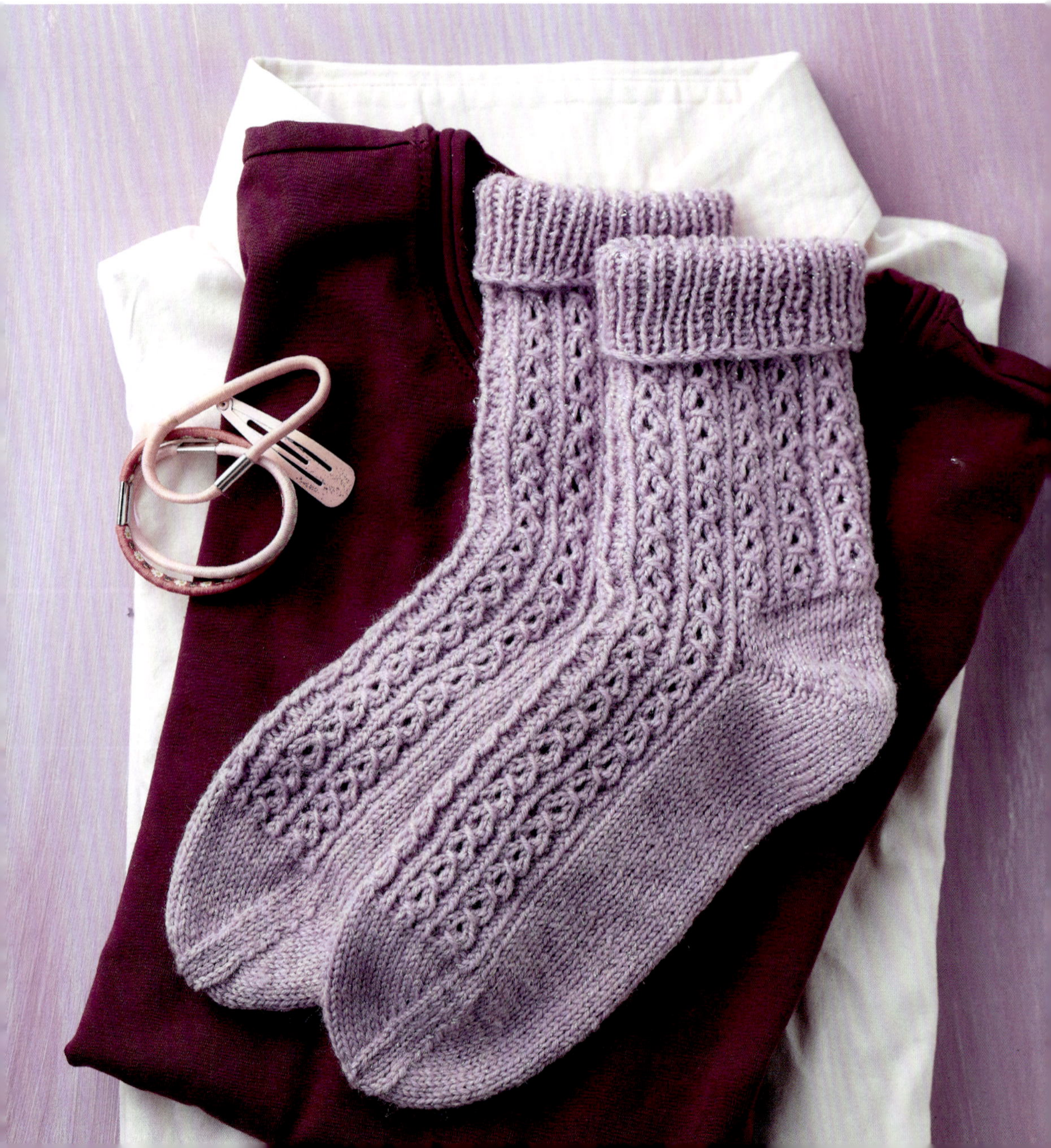

GRÖSSE
30/31

MATERIAL
- Lana Grossa Meilenweit 50 Late Night (LL 200 m/50 g) in Flieder (Fb 2912), 100 g
- Nadelspiel 2,5 mm

MASCHEN-PROBE
Glatt rechts mit Nd 2,5 mm
30 M und 42 R
= 10 cm x 10 cm

Glatt rechts

In Hinr rechte M, in Rückr linke M, bzw. in Rd alle M rechts str.

Bündchenmuster

1 M rechts, 1 M links im Wechsel str.

Schaftmuster

M-Zahl teilbar durch 5
Nach der Strickschrift in Rd arb. Den Rapport und die 1.-4. Rd entsprechend der Anleitung fortlaufend wdh.

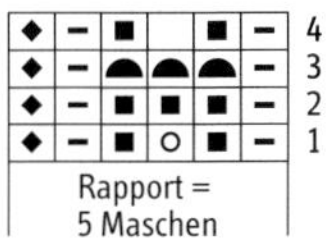

■ = 1 Masche rechts
– = 1 Masche links
◆ = 1 Masche rechts verschränkt
○ = 1 Umschlag
◓◓◓ = 3 Maschen rechts stricken, dann die 1. Masche über die 2. und 3. Masche ziehen.
☐ = Keine Bedeutung, dient der besseren Übersicht

Oberfußmuster

M-Zahl teilbar durch 5 + 3 M
Nach der Strickschrift in Rd arb. Den Rapport von 5 M entsprechend der Anleitung fortlaufend wdh und mit den M nach dem Rapport enden. Die 1.-4. Rd entsprechend der Anleitung fortlaufend wdh.

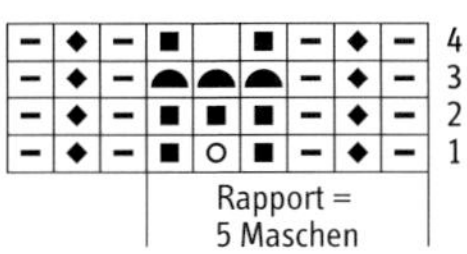

Anleitung

52 M anschl. 1 R im Bündchenmuster str, damit die rechte Seite der Anschlagkante für den späteren Umschlag zunächst innen liegt. Anschließend die M auf 4 Nd des Ndspiels verteilen (= 13 M pro Nd), zur Rd schließen und 24 Rd im Bündchenmuster str. Dann 1 Rd rechte M str und dabei auf der 2., 3. und 4. Nd je 1 M rechts verschränkt aus dem Querfaden zunehmen (= 55 M). Nun die letzte M der 2. Nd auf die 3. Nd heben (1. Nd 13 M, 2. Nd 13 M, 3. Nd 15 M, 4. Nd. 14 M) und nach der Strickschrift im Schaftmuster weiterarb. Den Rapport von 5 M 11x je Rd str und die 1.-4. Rd bis zu einer Schaftlänge von 11 cm (mit umgeschlagenem Bündchen gemessen) fortlaufend wdh. Dann auf der 1. und 4. Nd das Schaftmuster mit einer 4. Rd beenden. Dort noch 4 Rd glatt rechts str und dabei in der 1. Rd auf der 4. Nd 1x 2 M rechts zusammenstr (= 54 M). Gleichzeitig auf der 2. und 3. Nd nach der Strickschrift zum Oberfußmuster weiterarb. Im Anschluss über die 26 M der 1. und 4. Nd eine Bumerangferse nach der Grundanleitung str. Danach über die M der 1. und 4. Nd glatt rechts und über die M der 2. und 3. Nd im Oberfußmuster weiterarb. Bei einer Fußlänge von 14,5 cm auf der 2. und 3. Nd das Oberfußmuster beenden und die erste M der 3. Nd wieder auf die 2. Nd heben. 4 Rd glatt rechts über alle Nd str und dabei in der 1. Rd auf der 2. und 3. Nd je Nd 1x 2 M rechts zusammenstr (= 52 M, 13 M pro Nd). Dann eine Bandspitze nach der Grundanleitung arb. Die Fadenenden vernähen. Das Bündchen umschlagen.
Die zweite Socke genauso str.

Mein Tipp für Sie

Weitere Größen Die gemäß Größentabelle benötigte Anzahl an M anschl und das Bündchen str. Vor dem Schaftmuster die für eine durch 5 teilbare M-Zahl noch fehlenden M zunehmen und diese danach bzw. nach dem Oberfußmuster wieder abnehmen. Auf der 2. und 3. Nd das Schaftmuster symmetrisch als Oberfußmuster weiterführen und dafür bei Bedarf einzelne M umhängen, zu- oder abnehmen.

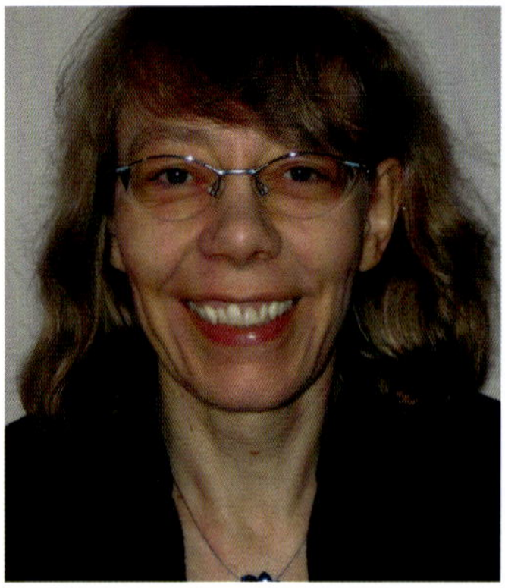

Lydia Klös ist leidenschaftliche Strickerin und neben ihrer Tätigkeit als Buchautorin und Schmuckdesignerin auch viel als Vorführkraft und Workshopleiterin unterwegs.

DANKE!

Ein herzliches Dankeschön geht an die folgenden Firmen für die Unterstützung bei diesem Buch:
MEZ GmbH,
www.schachenmayr.de
Lana Grossa GmbH,
www.lana-grossa.de
Hohenloher Wolle GmbH,
www.schoppel-wolle.de
Buttinette GmbH,
www.buttinette.de

TOPP – Unsere Servicegarantie

WIR SIND FÜR SIE DA! Bei Fragen zu unserem umfangreichen Programm oder Anregungen freuen wir uns über Ihren Anruf oder Ihre Post. Loben Sie uns, aber scheuen Sie sich auch nicht, Ihre Kritik mitzuteilen – sie hilft uns, ständig besser zu werden.

Bei Fragen zu einzelnen Materialien oder Techniken wenden Sie sich bitte an unseren Kreativservice, Frau Erika Noll.
mail@kreativ-service.info
Telefon 07 11 / 12 37 57 20

Das Produktmanagement erreichen Sie unter:
pm@frechverlag.de
oder:
frechverlag
Produktmanagement
Turbinenstraße 7
70499 Stuttgart
Telefon 07 11 / 8 30 86 68

LERNEN SIE UNS BESSER KENNEN! Fragen Sie Ihren Hobbyfach- oder Buchhändler nach unserem kostenlosen Magazin **Meine kreative Welt**. Darin entdecken Sie dreimal im Jahr die neuesten Kreativtrends und interessantesten Buchneuheiten.

Oder besuchen Sie uns im Internet! Unter **www.topp-kreativ.de** können Sie sich über unser umfangreiches Buchprogramm informieren, unsere Autoren kennenlernen sowie aktuelle Highlights und neue Kreativtechniken entdecken, kurz – die ganze Welt der Kreativität.

Kreativ immer up to date sind Sie mit unserem monatlichen **Newsletter**. Für aktuelle Infos, Gratis-Anleitungen und Gewinnspiele gleich anmelden unter **www.TOPP-kreativ.de/Newsletter**

IMPRESSUM

Der Code zum Freischalten der Geschenkbanderolen lautet: **14924**
FOTOS: frechverlag GmbH, 70499 Stuttgart; lichtpunkt, Michael Ruder, Stuttgart
PRODUKTMANAGEMENT: Mareike Upheber
LEKTORAT: Helene Weinold, Violau
GESTALTUNG: Petra Theilfarth
DRUCK: Tiskárna Grafico s.r.o., Tschechische Republik

6. Auflage 2024

ISBN 978-3-7724-6845-2 • Best.-Nr. 6845

MIX
Paper | Supporting responsible forestry
FSC® C187910

Penguin Random House Verlagsgruppe
FSC® N001967